Kessel, Feuer, Zauberstecken

Kochen mit Fuchs Rainer und Hexe Kathinka

Gertrud Scherf

Kessel, Feuer, Zauberstecken

Kochen mit Fuchs Rainer und Hexe Kathinka

Illustrationen von Frank Ruprecht

edition buntehunde

Inhaltsverzeichnis

Die Realisierung dieses Buchprojektes
wurde unterstützt von der
Ernst-Pietsch-Stiftung

Bibliografische Information der Deutschen Bibliothek
Die Deutsche Bibliothek verzeichnet diese Publikation
in der Deutschen Nationalbibliografie.
Detaillierte bibliografische Daten sind im Internet unter
http://dnb.ddb.de abrufbar.

Originalausgabe
© 2010 edition buntehunde GdbR, Regensburg
www.editionbuntehunde.de

Satz: modern Art, Regensburg
Herstellung: Buchproduktion Ebertin, Uhldingen/Bodensee

Printed in Germany

ISBN 978-3-934941-35-9

Wie dieses Buch entstanden ist

Ich bin Rainer, ein Fuchs – genau gesagt: ein Rotfuchs – und Autor dieses Buches. Es ist nicht ganz alltäglich, dass ein Fuchs ein Kochbuch schreibt. Deshalb will ich euch erzählen, was es mit mir und dem Buch auf sich hat.

Mit fünf Geschwistern und unserer liebevollen Mutter lebte ich in einem schönen Fuchsbau am Waldrand. Auch unser Vater kam öfters vorbei, brachte etwas zum Essen und spielte mit uns. Das Leben war einfach großartig. Aber als die Sommernächte langsam länger und wir Jungfüchse immer größer wurden, rief uns Mama eines Abends zusammen und sagte:
»Ihr seid nun fast erwachsen. Ich denke, ich habe euch alles beigebracht, was für euer Leben wichtig ist. Nun ist die Zeit gekommen, dass ihr geht und sich jedes von euch ein eigenes Revier sucht.«
Uns gefiel diese Ansprache nicht, und wir taten in den nächsten Tagen so, als hätten wir sie nicht gehört. Aber das half nichts – Mama verdeutlichte eines Tages mit Knurren, dass sie es ernst gemeint hatte.
An einem warmen Spätsommerabend verabschiedete ich mich als Erster der Geschwister von Mama, die mir mit einem Kuss und liebevollen Ermahnungen Glück wünschte. Sie hatte sich mit der Erziehung viel Mühe gegeben, uns allerlei essbare Früchte gezeigt und mit viel Geduld sehr gründlich in die Mäusejagd eingeführt. Beim Spielen vor dem Bau und später auf Streifzügen mit Mama hatten wir immer wieder das Schleichen, Springen und Zupacken geübt.
Doch in dieser ersten Nacht, in der ich allein auf meine vier Pfoten gestellt war, gelang es mir nicht, irgendeine Beute zu fangen. Als die Sonne aufging, lief ich hungrig und müde in einem mir völlig unbekannten Waldstück herum und hatte große Sehnsucht nach Mama und den Geschwistern. Gerade stieg leichte Panik in mir auf, da sah ich es vor mir am Waldboden blau leuchten: dicke, saftige Heidelbeeren in großer Menge! Ich schlug mir den Bauch voll und legte mich, ein wenig getröstet, auf einem besonnten Baumstumpf zum Schlafen nieder.
Welch ein Schreck, als ich wieder erwachte! Ich lag in einem Raum, ein Feuer brannte im Herd, darauf standen Töpfe, in denen es brodelte und zischte. Damit nicht genug, denn ein Wesen, das bald jung, bald alt, bald schön, bald hässlich, mal wie eine Fuchsfrau, dann wieder wie eine Menschenfrau aussah, wirbelte wie wild durch den Raum und sang mit krächzender Stimme:

Kessel, Feuer, Zauberstecken

Kes-sel, Feu-er, Zau-ber- ste-cken,
Da-mit kann ich Kräf-te we-cken.

Viel wird we-nig, we-nig viel,

Al-les, wie die He-xe will.

Weiches wird ganz fest und hart,
So geht das nach Hexenart.
Harte Dinge werden weich,
Das macht Spaß im Hexenreich.

Stilles fängt zu brodeln an,
Sieh nur, was die Hexe kann!
Festes fließt schon bald davon,
Das ist der Hexenarbeit Lohn.

Flüssiges hört auf zu fließen,
Lass dich im Hexenreich begrüßen.
Kalt wird heiß und heiß wird kalt
Rainer, das kannst du auch bald.

Kessel, Feuer, Zauberstecken,
Damit kann ich Kräfte wecken.
Düfte steigen, Düfte weichen,
Willst du mir die Pfote reichen?

Endlich hatte die Schreckensgestalt ihr Getanze und Gesinge beendet und ihre ständigen Verwandlungen, die mir absolut blödsinnig vorkamen. Sie hielt mir die Hand hin.

Ich zögerte mit dem Pfotereichen und fragte erst einmal: »Wo bin ich?«.

»In der Hexenküche«, antwortete das merkwürdige Wesen und erklärte weiter, dass ich eigentlich Strafe verdient hätte, weil ich an seine Heidelbeeren gegangen sei, ohne zuvor um Erlaubnis zu fragen. Aber weil ich so schön und klug und zudem als Fuchs ein Hexentier sei, könne ich eine Zeitlang bleiben und die Geheimnisse der Hexenküche erlernen. Ich würde es nicht bereuen.

»Ich verstehe überhaupt nichts«, sagte ich und fragte: »Wer bist du eigentlich?«

»Ich bin die Hexe Kathinka«, sagte meine Gastgeberin knapp, und nun bekam ich wirklich Angst, denn mir fiel ein, dass Mama uns einige Male vor der bösen Hexe Renarda gewarnt hatte, die kleine Füchse, die zu weit vom Bau weglaufen, in Mäuse verzaubert.

»Verzauberst du mich jetzt in eine Maus?« fragte ich zitternd und schlich vorsichtig und möglichst unauffällig zur Tür.

»Nein«, antwortete Kathinka, »ich bin eine gute Hexe, aber verzaubern tu ich schon. Durch meine Kochkunst werden Zutaten, Tiere und Menschen zum Guten verwandelt.«

Auch wenn ich schon wieder nicht wusste, was sie meinte, ahnte ich immerhin, dass Kochkunst etwas mit Essen zu tun hat. Daheim hatte ich als der Feinschmecker in der Familie gegolten. Ich machte beispielsweise Vorschläge, wie man die ewigen Mäusemahlzeiten mit Früchten oder Pilzen kombinieren könnte und es kam auch vor, dass ich lieber hungrig blieb, als etwas zu essen, das ich nicht mochte. Mama hatte manchmal besorgt geseufzt:

»Rainer, ein Fuchs muss lernen, fast alles zu essen, sonst hat er wenig Überlebenschancen.«

Jetzt duftete es einfach wunderbar nach Essen, und ich bekam großen Appetit. So gab ich endlich Kathinka die Pfote und sagte: »Ich bleibe.«

Ich habe es nie bereut.

Bald begann ich damit, mir beim Kochen mit Kathinka Notizen zu machen. Als ich mich nach einiger Zeit von der guten Hexe verabschiedete, bat ich sie um die Erlaubnis, aus diesen Notizen ein Buch für Kinder machen zu dürfen.

»Tu das, Rainer«, antwortete sie, »es ist wichtig, dass die Kinder lernen, wie man für sich und andere mit gutem Essen und Trinken das Leben schöner machen und zugleich dafür sorgen kann, dass man fit und gesund bleibt.«

Was ich bei Kathinka gelernt habe, könnt ihr nun durch dieses Buch erfahren.

ZAUBEREIEN
IN DER
HEXENKÜCHE

Das Hexenlied sangen Kathinka und ich manchmal gemeinsam. Bald verstand ich den Sinn des Liedes und wusste Bescheid über die Verzauberungen und Verwandlungen, die darin vorkommen. Ich erlaubte Kathinka aber nicht, mich während des Singens in eine andere Gestalt zu verwandeln.

Dass Essen und Trinken Menschen und Tiere verwandeln kann, darüber will ich jetzt ein bisschen erzählen.

Esser werden verwandelt

Manche Märchen berichten von Verwandlung durch Essen oder Trinken.

In »Brüderchen und Schwesterchen« hat die böse Stiefmutter alle Quellen im Wald verhext. Als Brüderchen sich vor Durst nicht mehr zurückhalten kann und von einer dieser Quellen trinkt, wird es in ein Reh verwandelt. Schwesterchen schafft es aber, dass Brüderchen wieder seine menschliche Gestalt erhält.

In »Die weiße Schlange« muss ein Diener dem König jeden Mittag eine geheimnisvolle zugedeckte Schüssel bringen. Den Mann plagt die Neugier so sehr, dass er trotz strengen Verbots eines Tages den Deckel abnimmt. Da sieht er in der Schüssel eine gekochte weiße Schlange liegen. Er kann nicht widerstehen und isst ein Stückchen davon. Plötzlich versteht er die Sprache der Tiere.

In »Zwerg Nase« setzt die alte Hexe dem Buben Jakob eine köstlich duftende und schmeckende Suppe vor, die ihn in ein Eichhörnchen und schließlich in einen hässlichen Zwerg mit einer riesigen Nase verwandelt. Ein Gewürz, das Kräutlein »Nießmitlust«, hat diese Verwandlung bewirkt. Jakob wird ein berühmter Koch, leidet aber unter seinem Aussehen. Mit Hilfe der Gans Mimi findet er das Kraut »Nießmitlust«. Als er daran riecht, erhält er wieder seine richtige Gestalt.

Gute Hexen (und gute Hexentiere wie ich) verwandeln mit ihren Speisen und Getränken Lebewesen nur zum Guten.

Verwandlungen durch Aussehen und Duft der Speisen

Mit ihrem Aussehen und ihrem Duft können Speisen oder Getränke den Appetit anregen – oder den Appetit verderben. Feiner Pizzaduft aus dem Ofen steigert unseren Appetit, der uns andererseits beim Geruch verdorbener Lebensmittel vergeht.

Rainer rät:
• Bemühe dich, die Speisen so zuzubereiten und zu servieren, dass Aussehen und Duft den Appetit anregen.

Rainer rät!

Verwandlungen beim oder nach dem Essen

Hungrige werden durch Essen satt. Wer frierend aus der Kälte kommt und einen heißen Tee oder ein warmes Essen vorgesetzt bekommt, fühlt sich bald wieder angenehm warm.

Essen verwandelt manchmal auch die Seele: Wer traurig ist, den kann vielleicht ein gemeinsames gutes Essen mit der Familie oder Freunden wieder froher machen.

Es gibt auch Lebensmittel und Getränke, die auf die Stimmung und das Wohlgefühl wirken: Wenn man unruhig und abgespannt ist, können etwa Kartoffeln, Bananen, Nudeln, Vollkornbrot und verschiedene Speisen aus Getreide helfen, dass man sich ruhiger, entspannter und einfach wohler fühlt. Wer antriebslos und schlapp ist, könnte seine Nahrung mit Milchprodukten, Fisch, Eiern oder Nüssen bereichern.

Giftige Stoffe im Essen verwandeln zum Schlechten: Wenn wir beispielsweise verdorbene Speisen oder giftige Pilze essen, können wir sehr schwer krank werden.

Leider reagieren manche Personen auf bestimmte Lebensmittel, wie Milch, Eier, Fisch, Nüsse oder anderes, allergisch. Sie kriegen etwa Schnupfen oder Atembeschwerden, Hautausschlag, Kopfweh, Gliederschmerzen, Übelkeit oder Durchfall. Wer so etwas bei sich feststellt, muss durch den Arzt klären lassen, ob eine Allergie vorliegt. Meist hilft dann nichts anderes, als diese Speisen zu meiden.

Verwandlungen, die sich erst nach längerer Zeit zeigen

Damit wir arbeiten und spielen, lernen und laufen, wachsen und uns wohlfühlen können, müssen wir essen. Es ist aber nicht gleichgültig, was wir essen. Es gibt Leute, die ernähren sich einseitig, weil sie beispielsweise jeden Tag Pommes frites essen. Andere Menschen ernähren sich nicht ausgewogen, weil sie auf Dauer von manchen Lebensmitteln zu viel und von anderen zu wenig essen. Für Personen, die sich über längere Zeit einseitig oder unausgewogen ernähren, kann es zu schlechten Verwandlungen wie ernährungsbedingten Krankheiten kommen.

Wie ernähren wir uns ausgewogen und vielseitig?

Unsere Lebensmittel stammen von Pflanzen und von Tieren: aus dem Pflanzenreich Getreide, Kartoffeln, Gemüse, Obst; aus dem Tierreich Eier, Milch und Milchprodukte wie Quark oder Joghurt sowie Fleisch, Wurst und Fisch.

Vieles spricht dafür, dass wir eine Ernährung, die hauptsächlich aus pflanzlichen Lebensmitteln besteht, bevorzugen sollten. Die pflanzlichen Lebensmittel sollten etwa drei Viertel unserer Nahrung ausmachen. Es gibt eine wichtige und einfache Regel, an die du dich halten kannst:

Täglich und reichlich pflanzliche Lebensmittel (Getreide, Kartoffeln, Gemüse, Obst).
Ausreichend tierische Lebensmittel. Täglich Milch und Milchprodukte in kleineren Mengen. Fleisch, Wurst und Fisch nicht öfter als 2-3-mal pro Woche. Nicht mehr als 1-3 Eier pro Woche.
Sparsam Fette, insbesondere tierische Fette, sowie Süßigkeiten.

Vegetarier sind Menschen, die auf Fleisch, Wurst und Fisch verzichten. Wenn sie zudem Eier, Milch und Milchprodukte sowie Honig weglassen, also nur pflanzliche Lebensmittel essen, nennt man sie Veganer. Eine vegane Ernährung kann zu Mangelerscheinungen führen. Insbesondere für Kinder und Jugendliche ist sie nicht empfehlenswert.

Rainers Hexengrundsätze beim Kochen

- Das Essen soll gut tun.
  Es soll uns zum Guten verwandeln, aber es soll auch möglichst anderen Menschen, Tieren und der Natur insgesamt nicht schaden. In den einzelnen Kapiteln habe ich dazu Informationen für dich aufgeschrieben.
- Das Essen soll sich einfach und rasch zubereiten lassen.
  Nur wenn die Essenszubereitung nicht zu schwierig ist oder zu viel Zeit in Anspruch nimmt, hat man die Ausdauer, sich jeden Tag etwas Gutes zu bereiten. Was nützen die raffiniertesten und tollsten Rezepte und Speisen, wenn man sich nur ganz selten daran macht und die übrige Zeit mehr oder weniger wahllos irgendetwas in sich hineinstopft?
- In der Hexenküche gibt es keine Fertiggerichte.
  Es geht dort um Zaubern und Verwandeln und dazu passt keine Pizza, die fix und fertig belegt und gewürzt aus der Packung genommen und in den Ofen geschoben wird. Auch Fruchtjoghurt, in dem schon Früchte, künstliches Aroma und (zu viel) Zucker enthalten sind, hat in meiner Küche nichts zu suchen.
  Ein Hexenfuchs will:
  - möglichst naturbelassene Zutaten verwenden,
  - wissen, was im Essen enthalten ist,
  - selbst für Würze und Geschmack sorgen, und
  - Spaß am Kochen haben.

Ehe du dich ans Kochen machst, solltest du unbedingt zunächst dieses Kapitel lesen.

Die Rezepte habe ich nach den Lebensmitteln in acht Kapitel unterteilt. In jedem Kapitel erzähle ich dir etwas über die jeweiligen Lebensmittel und gebe dir ein paar Ratschläge. In allen meinen Rezepten geht es um Verwandlung, und alle können mit wenigen Zutaten nachgekocht werden. Die Speisen schmecken gut und tun gut.

Bei allen Rezepten findest du angegeben: Zutaten, Anleitung in einzelnen Schritten, benötigte Arbeitsgeräte und Hilfsmittel. Vielleicht interessieren dich nicht sämtliche Rezepte und vielleicht gibt es Zutaten, die du einfach nicht magst oder von denen du weißt, dass du sie nicht verträgst. Sicher sind aber genügend Rezepte für dich dabei.

Vor, beim und nach dem Kochen

Rainer rät!

Gefahr!

Rainers Tipp

Achte besonders auf diese Zeichen.

Du vermeidest unangenehme Überraschungen oder gar Verletzungen, wenn du die nachfolgenden Ratschläge beachtest.

Vor dem Kochen

- Lies das Rezept vollständig durch und prüfe, ob die Zutaten im Haus sind oder ob du noch etwas besorgen musst.
- Wasche die Hände und binde ein Schürze um. Denke daran: Beim Arbeiten in der Küche ist äußerste Sauberkeit wichtig.
- Stelle die angegebenen Geräte und Hilfsmittel wie Kochtopf, Küchenmesser, Schneidebrett bereit. Nicht eigens erwähnt sind Messbecher und Küchenwaage, da sie fast in jedem Fall benötigt werden.
- Stelle die Zutaten bereit.
- Wiege oder miss die Zutaten dem Rezept entsprechend ab.
- Fange mit dem Kochen nur an, wenn eine erwachsene Person in der Wohnung ist. Wenn du mit einem Küchenmesser arbeiten musst und auch für die Arbeit am Herd, solltest du dir grundsätzlich immer helfen lassen.

Beim Kochen

- Stelle Pfannen oder Töpfe stets so auf die Herdplatte, dass die Griffe oder Stiele nach hinten gerichtet sind.
- Gehe nicht aus der Küche solange Kochplatten oder Backrohr eingeschaltet sind.
- Sei mit Messern besonders vorsichtig und lass sie nicht mit der Schneide nach oben liegen.
- Trockne dir die Hände ab, bevor du ein elektrisches Gerät anschaltest oder ansteckst, auch wenn du einen Stecker aus der Dose ziehst.
- Stelle heiße Töpfe oder Backbleche immer auf einer dafür geeigneten Unterlage ab, etwa einem Topfuntersetzer.
- Schneide rohes Fleisch oder rohen Fisch immer auf einem eigenen Brett. Reinige das Brett anschließend sofort mit heißem Wasser, etwas Spülmittel und einem extra dafür vorgesehenen Schwamm oder einer Bürste.

- Wasche Obst, Gemüse und Kräuter immer sorgfältig.
- Spüle bereits während des Kochens nicht mehr benötigte Gefäße, Bretter, Löffel oder Messer ab.
- Verwende stets saubere Wischlappen, Geschirrtücher und Handtücher.

Nach dem Kochen

- Prüfe, ob Backofen und Herdplatten ausgeschaltet sind.
- Räume die nicht mehr benötigten Zutaten weg.
- Spüle Kochgeschirr und Geräte ab und räume sie weg.
- Wische die Arbeitsfläche sauber und reinige das Spülbecken.

Geräte und Hilfsmittel

Apfelausstecher, Auflaufform (feuerfest), Bratpfanne mit Deckel, Esslöffel, Gemüsereibe, Geschirrspülmittel, Geschirrtuch, Glasschüssel, Handrührgerät, Handtuch, Kartoffelstampfer oder Passierstab, Kastenform, Knoblauchpresse, Kochlöffel, Kochtöpfe, Küchenmesser, Küchensieb, Küchenwaage, Kurzzeitwecker, Messbecher, Mixbecher, Nudelholz, Ofenhandschuh oder Topflappen, Pfannenwender, Rührschüssel, Schaumlöffel, Schneebesen, Schneidebrett, Schöpflöffel, Seife, Sparschäler, Spüllappen oder Spülbürste, Tasse, Teelöffel, Teesieb, Teller, Trinkbecher, Wischlappen, Zitruspresse.

Herdplatten und Backofen

Für die meisten Rezepte brauchst du die Hitze des Herdes.
- Wenn du die Herdplatten oder den Backofen benutzt, dann sollte immer eine erwachsene Person dabei sein. Es gibt viele unterschiedliche Herde. Lass dir erklären, was bei dem von dir benutzten Herd zu beachten ist.
- Beim Braten auf dem Herd sollte man das Fett keinesfalls zu heiß werden lassen und nur bei mäßiger Hitze braten oder dünsten.
- Oft wird in den Rezepten ein Vorheizen des Backofens verlangt. Dann musst du einige Minuten vorher (5-10 Minuten) die angegebene Temperatur einstellen. Bei Gasherden und Umluftherden entfällt im Allgemeinen das Vorheizen.

- Damit keine schädlichen Stoffe entstehen, sollte man möglichst eine Backtemperatur von 190 °C nicht überschreiten. Diese Angabe gilt für Elektroherde mit Ober- und Unterhitze. Bei Umluftherden wird die Temperatur meist um 20 °C niedriger gewählt.
- Verwende immer Topflappen, wenn du eine Form aus dem heißen Backofen holst. Stelle die Form auf einem dafür vorgesehenen Platz, etwa einem Brett, sicher ab.

Wiegen und Messen in der Hexenküche

In den Rezepten sind die Mengen bei festen Zutaten in Gramm (g) oder Kilogramm (kg), bei Flüssigkeiten in Liter (l), manchmal auch in Milliliter (ml) angegeben. Die Flüssigkeiten misst du mit dem Messbecher. Mit ihm lassen sich auch manche feste Zutaten abmessen, die auf der Messbecherwand vermerkt sind. Mit der Küchenwaage kannst du sämtliche feste Zutaten abwiegen.

Oft werden kleinere Mengen in den Rezepten in Teelöffeln (TL) oder Esslöffeln (EL) angegeben. Der Löffel wird jeweils nur bis knapp über den Rand gefüllt. Ein »gestrichener« Löffel wird an der Gefäßseite abgestrichen und ist deshalb genau bis zum Rand gefüllt. Bei einem »gehäuften« Löffel ragt die Füllung deutlich über den Rand nach oben.

Zu den Rezepten

- Bei den meisten Rezepten findest du angegeben, für wie viele Personen das Rezept vorgesehen ist. Dabei ist natürlich zu bedenken, wie die Speisen eingesetzt werden. Wenn du beispielsweise eine Suppe als Vorspeise aufträgst, brauchst du geringere Mengen, als wenn du sie als sättigendes Hauptgericht servieren willst. So reichen in manchen Fällen die für 2 Personen vorgesehenen Mengen vielleicht für 3 oder sogar 4 Leute.
  Wenn du von einem Rezept nur die Hälfte zubereiten willst, teile die angegebenen Mengen jeweils durch 2. Falls die doppelte Menge benötigt wird, verdopple einfach, nimm also beispielsweise 300 g Mehl statt der im Rezept angegebenen 150 g, statt 1 Ei 2 Eier usw.
- Die Zeichen »Rainer ohne«, »Rainer mit Schürze« und »Rainer mit Schürze und Kochmütze« verraten dir, ob es sich um ein Rezept für Anfänger, eines mit mittlerer Schwierigkeit oder um ein etwas schwierigeres Rezept handelt.
- Um die Rezepte nachkochen zu können, musst du bestimmte grundlegende Arbeitsweisen wie „Zwiebel in Würfel schneiden" oder „Käse reiben" beherrschen. Du findest ab Seite 93 diese Arbeitsweisen alphabetisch aufgeführt. Die Rezepte kommen auch nicht ganz ohne Fachbegriffe aus, die ebenfalls dort erläutert werden.
- Die Rezepte habe ich so geschrieben, wie es in Kochbüchern üblich ist. Das bedeutet, dass meist keine ganzen Sätze verwendet werden. Es heißt also beispielsweise nicht: »Schäle den Apfel«, sondern »Apfel schälen«.

DAS WASSER
DES
LEBENS

»Euer Urgroßvater war ein Held«, fing Mama eines Abends an, als wir im Licht der untergehenden Sonne vor dem Bau spielten.

»Erzähl!«, riefen wir und setzten uns eilig im Kreis um unsere Mutter herum, denn ihre Geschichten waren immer spannend. Und Mama begann:

»Es war ein langer Sommer mit glühender Hitze und ohne einen Tropfen Regen, als die Quelle versiegte. Nun gab es kein Wasser mehr für Urgroßmutter Tina und die Kleinen. Urgroßvater Timo begann fieberhaft zu suchen und fand schließlich, als er selbst schon kraftlos und rasend durstig war, einen kleinen See im Wald. Er rannte zurück und überredete Tina, ihm mit den Kindern zu folgen.

‚Es ist gar nicht mehr weit‘, munterte er seine mutlose Partnerin und die weinenden Kleinen unterwegs immer wieder auf, ‚denkt an das gute Wasser, das ihr bald trinken könnt!‘

Hitze, Durst und Angst, das Ziel nicht zu erreichen, setzte der kleinen Gruppe arg zu. Doch damit nicht genug – plötzlich durchbrach Rascheln und Schnauben die Stille, gleich darauf bahnte sich ein riesengroßer schwarzer Hund den Weg durchs Gebüsch und stellte sich drohend vor der Familie auf. Urgroßvater erkannte blitzschnell, dass eine Flucht für die erschöpften Füchse nicht mehr möglich war. Mit großer Wut und aller verbliebenen Kraft warf er sich auf den Hund und biss ihn in die Nase. Der Feind hatte diesen Angriff überhaupt nicht erwartet; er jaulte auf und rannte davon. Tina und die Kinder fassten neuen Mut und folgten dem Vater. Bald standen sie vor dem See und konnten endlich ihren großen Durst löschen.

‚Du hast uns durch Gefahren zum Wasser des Lebens geführt‘, sagte Tina zu Timo, der, verlegen wegen des Lobs, an einem Mäuseloch herumzuschnüffeln begann.

»Seid stolz auf euren Urgroßvater, den Helden«, schloss Mama ihre Erzählung, »und erweist euch im Leben als seiner würdig!«

Alle Lebewesen – die Pflanzen, die Tiere, der Mensch – brauchen Wasser. Denn ohne Wasser gibt es überhaupt kein Leben.

Die Flüssigkeit Wasser kann sich verwandeln. Wenn draußen Nebel aufsteigt, so hat sich Wasser in Gas verwandelt, und wenn im Winter die Temperatur unter Null Grad fällt, dann wird das Wasser in den Pfützen fest – es gefriert zu Eis. Wird Wasser auf dem Herd erhitzt, fängt es bei ungefähr 100 °C zu sieden an: Es sprudelt und ein Teil steigt als Dampf gasförmig aus dem Topf nach oben.

Warum musst du trinken?

Dein Körper besteht etwa zu zwei Dritteln aus Wasser. Er kann seine vielfältigen Aufgaben – rennen, wachsen, lernen, denken, spielen – nur erfüllen, wenn er genügend Wasser zur Verfügung hat.

Da du beim Atmen, mit dem Urin und über die Haut ständig Wasser abgibst, muss auch der Wasservorrat immer wieder aufgefüllt werden. Einen Teil des benötigten Wassers erhältst du mit der Nahrung, insbesondere mit dem wasserreichen Obst und Gemüse. Trotzdem musst du zusätzlich täglich 1-1½l Wasser als Getränk zur dir nehmen. Wenn du schwitzt, ist eine noch größere Wassermenge nötig.

Rainer rät:

Rainer rät!

- 4-6 Gläser Wässeriges sollten es jeden Tag schon sein. Am besten geeignet ist Leitungswasser. Gute Flüssigkeitsspender sind auch Mineralwasser, Früchte- oder Kräutertee ohne Zucker. Du kannst auch Fruchtsäfte im Verhältnis 1 zu 2 mit Wasser verdünnen, also zum Beispiel ¼l Fruchtsaft mit ½l Wasser mischen.

- Wasser ist kostbar. Verschwende und verschmutze es nicht unnötig.

Getränke

Füchse müssen in Wald und Feld nach sauberen Quellen, Bächen oder Seen suchen, die Menschen in unserem Land brauchen nur den Wasserhahn zu betätigen und bekommen einwandfreies Trinkwasser. Die Wasserwerke kontrollieren nämlich streng, dass keine Schadstoffe enthalten sind. Wasser schmeckt gut, löscht den Durst und macht nicht dick, was man von Limonaden, die oft mit viel Zucker gesüßt sind, nicht gerade behaupten kann.

Rainers Hexentrank

Er verwandelt die Kälte im Körper in wohlige Wärme und schmeckt nicht nur zur Weihnachts- und Adventszeit, sondern immer, wenn es draußen kalt ist.

Für 3 Personen
1 TL Rotbuschtee (oder Hibiskustee)
150 ml Wasser
3 EL Rosinen

½ Zimtstange
2 TL Hagebuttenschalen (ersatzweise 1 Teebeutel)
½ l Wasser
3 EL Orangensaft

1. Rotbuschtee mit 150 ml kochendem Wasser übergießen, zudecken und 5 Minuten ziehen lassen. Abseihen.

2. Rosinen waschen, trocken tupfen und zusammen mit dem Stück Zimtstange ½ Stunde im Rotbuschtee ziehen lassen.

3. Hagebuttenschalen mit ½ l kochendem Wasser übergießen, zudecken und 10 Minuten ziehen lassen. Abseihen.

4. Zimtstange aus dem Rotbuschtee entfernen. Rotbuschtee in einen Topf schütten, Hagebuttentee und Orangensaft zugießen. Flüssigkeit bis kurz vor dem Siedepunkt erhitzen.

5. Hexentrank von der Herdplatte ziehen, in Tassen oder feuerfeste Gläser füllen und nach Belieben mit Honig süßen.

Geräte und Hilfsmittel: Teelöffel, Teebecher, Esslöffel, Teekanne, Teesieb, Kochtopf.

Rainers Erdbeerbowle

Füchse lieben Erdbeeren – am meisten die reifen, roten, frisch geernteten, heimischen Früchte.

Für 4 Personen
250 g Erdbeeren
½ Zitrone

2 TL Honig
½ l Apfelsaft
1 Flasche Mineralwasser (1 l)

1. Erdbeeren waschen, auf dem Küchensieb abtropfen lassen, trocken tupfen, Stielansatz entfernen, in Viertel schneiden.
2. Zitronenhälfte auf der Zitruspresse auspressen.
3. Erdbeeren in die Glasschüssel schütten. Honig und Zitronensaft zugeben und alles vorsichtig vermischen. 10 Minuten ziehen lassen.
4. Mit Apfelsaft und Mineralwasser aufgießen.

Geräte und Hilfsmittel: Küchensieb, Küchenmesser, Schneidebrett, Zitruspresse, Glasschüssel, Teelöffel, Esslöffel.

Feen-Blütentraum

Feen mögen Blütendüfte und besonders den Duft von Rosenblüten.

Für 4-6 Personen
2 Handvoll duftende Rosenblütenblätter (von ungespritzten Rosen)
2 l Wasser
5 EL Honig

½ Vanillestange (der Länge nach halbiert)
1 Messerspitze Zimt
2 Orangen
1 Zitrone
1 Flasche spritziges Mineralwasser

1. Rosenblütenblätter vorsichtig waschen und trocken tupfen.
2. Mit einem Teelöffel das Mark aus der halben Vanillestange kratzen.
3. Orangen und Zitrone durchschneiden und mit Hilfe der Zitruspresse den Saft aus den Hälften pressen.
4. Rosenblütenblätter in die Schüssel legen. Wasser, Honig, Vanillemark, Zimt, Orangen- und Zitronensaft zugeben.
5. Schüssel zudecken und Inhalt sechs Stunden ziehen lassen.
6. Flüssigkeit in ein Bowlegefäß oder eine andere Glasschüssel abseihen.
7. Bowle mit Mineralwasser aufgießen.

Geräte und Hilfsmittel: Schneidebrett, Küchenmesser, Teelöffel, Zitruspresse, Esslöffel, große Schüssel mit Deckel, Küchensieb.

Suppen

Wer eine Hexensuppe kochen will, braucht einen Zauberstab: Mit dem Kartoffelstampfer oder einem Pürierstab kannst du die Zutaten verwandeln, nämlich so fein zerteilen, dass eine einheitliche cremige Flüssigkeit entsteht. Suppen sind besonders im Winter wohltuend und wärmend; sie machen frierende und schlecht gelaunte Leute zufrieden und freundlich.

Die Suppe versalzen?

Sicher kennst du die Redensart: »Die Suppe werde ich ihm gründlich versalzen«. Sie bedeutet, dass man jemandes Plan durchkreuzt, so dass er nicht zum Erfolg kommt. Eine versalzene Suppe schmeckt nicht, aber eine ungesalzene meist auch nicht.

Salz ist lebensnotwendig und nötig für den guten Geschmack der Speisen. Der Mensch braucht pro Tag ungefähr 5 Gramm Salz, der durchschnittliche tägliche Verzehr in Deutschland beträgt aber viel mehr. Dabei ist zu viel Salz für den Körper schädlich.

Rainer rät:

- Die Salzangaben bei den Rezepten sind nur Richtwerte, das heißt, vielleicht braucht man ein bisschen mehr oder ein bisschen weniger. Das hängt vom Geschmack des einzelnen und vom Salzgehalt der Zutaten ab. Man spricht auch vom »Abschmecken« mit Salz: Gib erst eine kleine Menge zu. Rühre um und probiere mit einem Teelöffel, ob noch etwas Salz fehlt.

Rainer rät!

Kürbissuppe nach Gespensterart

Um Allerheiligen (1. November), wenn die Tage kurz, dunkel und neblig sind, ist die Zeit der Geister und Gespenster. Den Brauch, Kürbisse auszuhöhlen und Gespenstermasken daraus zu basteln, gibt es schon seit langer Zeit. Falls du einen Kürbis aushöhlen willst, lass dir von einem Erwachsenen helfen. Wenn es dir nur auf die Suppe ankommt: Hokkaido-Kürbisse müssen nicht geschält, sondern nur sorgfältig gewaschen werden.

Für 4 Personen
1 TL Olivenöl
1 Stange Lauch
1 große oder 2 kleine Gelbe Rüben
500 g Kürbisfleisch (Hokkaido oder anderer Kürbis)
2 Kartoffeln
½ l Wasser
½ l Milch
½ TL Salz
1 Prise Pfeffer
Schnittlauch

1. Lauch putzen, der Länge nach halbieren, waschen, trocken tupfen, in dünne Scheiben schneiden.
2. Gelbe Rüben waschen, schälen, der Länge nach halbieren, Hälften in Scheiben schneiden.
3. Kartoffeln schälen, waschen, vierteln; Viertel in Scheiben schneiden.
4. Kürbis waschen, abtrocknen, in Stücke schneiden.
5. Schnittlauch waschen, trocken tupfen, in feine Ringe schneiden.
6. Öl in einem Topf erhitzen und Lauch darin unter Rühren glasig dünsten.
7. Kartoffeln, Gelbe Rüben und Kürbis zugeben, kurz andünsten.
8. Mit Wasser und Milch aufgießen.
9. 15 Minuten zugedeckt kochen lassen.
10. Topf von der Herdplatte ziehen. Suppe mit dem Kartoffelstampfer oder Pürierstab pürieren.
11. Mit Salz und Pfeffer abschmecken.
12. Suppe in Teller füllen und mit Schnittlauch bestreuen.

Geräte und Hilfsmittel: Küchenmesser, Schneidebrett, Sparschäler, großes Messer, Kochtopf, Teelöffel, Kochlöffel, Kartoffel-stampfer oder Pürierstab.

Rainer warnt:
- Kürbisse sind meist sehr hart und deshalb schwer zu schneiden, sodass die Verletzungsgefahr groß ist. Lass dir von einer erwachsenen Person helfen!

Grüne Brokkoli-Hexensuppe

Für 2 Personen
½ Zwiebel
350 g Brokkoli
einige Stängel Petersilie
1 EL Olivenöl
½ l Wasser
4 EL süße Sahne
¼ TL Salz
etwas Pfeffer

1. Zwiebel schälen, halbieren. Die halbe Zwiebel in Würfel schneiden.
2. Vom Brokkoli den Strunk abschneiden, einzelne Röschen mit Stiel abschneiden, 350 g abwiegen. Brokkoliröschen wa-schen, im Küchensieb abtropfen lassen.
3. Petersilienblättchen von den Stängeln zupfen, waschen, Wasser abschütteln, trocken tupfen. Petersilienblättchen klein schneiden.
4. Öl erhitzen, Zwiebel darin glasig dünsten.
5. Brokkoli zugeben, Mit Wasser aufgießen, zum Kochen bringen.
6. Topf zudecken. Suppe 10 Minuten köcheln lassen.
7. Sahne zugeben, Suppe kurz aufkochen lassen.
8. Suppe von der Herdplatte ziehen und mit dem Kartoffelstampfer oder Pürierstab pürieren.
9. Suppe mit Salz und Pfeffer würzen.
10. Petersilie zugeben.

Geräte und Hilfsmittel: Küchenmesser, Schneidebrett, Küchensieb, Kochtopf, Kochlöffel, Esslöffel, Kartoffelstampfer oder Pürierstab, Teelöffel.

Rainers Tipp:
• Wenn Du keine Zwiebel magst, kannst Du sie einfach weglassen. Statt Petersilie eignen sich auch Schnittlauch, Dill oder Basilikum.

Kathinkas Linsensuppe

Bei dieser Suppe braucht man keinen Zauberstab. Die Verwandlung besorgen die Linsen und die Kartoffeln. Beide enthalten viel Stärke. Die Stärke wird beim Kochen frei, sie bindet die zunächst »wässerige« Suppe und macht sie dickflüssiger.

Für 2 Personen
½ Lauchstange
1 Esslöffel Öl
¾ Tasse rote Linsen
¾ l Wasser
2 Gelbe Rüben
1 Kartoffel
1 Lorbeerblatt
einige Stängel Petersilie
½ TL Salz
nach Belieben: 1 Prise Pfeffer

1. Lauch waschen, trocken tupfen, in dünne Scheiben schneiden.
2. Linsen mit Hilfe der Tasse abmessen, in das Küchensieb schütten.
   Unter fließendem Wasser gut waschen, abtropfen lassen.
3. Gelbe Rüben waschen, schälen.
4. Kartoffel waschen, schälen.
5. Kartoffel und Gelbe Rüben auf der Gemüsereibe reiben.
6. Öl in einen Kochtopf geben und erhitzen.
7. Lauchringe unter Rühren glasig dünsten.
8. Linsen zugeben, unter Rühren kurz mitdünsten.
9. Mit Wasser aufgießen und zum Kochen bringen.
10. Geriebene Kartoffel und Gelbe Rüben zugeben.
11. Lorbeerblatt waschen, zugeben.
12. Flüssigkeit eine Viertelstunde köcheln lassen.
13. Petersilieblättchen von den Stängeln zupfen, waschen, klein schneiden.
14. Suppe mit Salz und Pfeffer würzen. Lorbeerblatt entfernen.
15. Petersilie über die in Teller geschöpfte Suppe geben.

Geräte und Hilfsmittel: Küchenmesser, Schneidebrett, Küchensieb, Teller, Tasse, Sparschäler, Gemüsereibe, Kochtopf, Esslöffel, Kochlöffel, Teelöffel.

Rainers Tipp:

- Du kannst auch braune Linsen nehmen. Dann gilt aber: Linsen erst 10 Minuten kochen lassen, ehe die geriebenen Gelben Rüben und die geriebene Kartoffel zugegeben werden. Anschließend nochmals 10-15 Minuten kochen lassen.
- Wer mag, gibt 1-2 EL Sauerrahm oder Schmand (fettreicherer Sauerrahm) vor dem Servieren in die Suppe. Sie wird dadurch noch sättigender.

KÖRNER-VERWANDLUNGEN

Der süße Brei

Es war einmal ein armes frommes Mädchen, das lebte mit seiner Mutter allein, und sie hatten nichts mehr zu essen. Da ging das Kind hinaus in den Wald, und begegnete ihm da eine alte Frau, die wußte seinen Jammer schon und schenkte ihm ein Töpfchen, zu dem sollt es sagen: „Töpfchen koche", so kochte es guten, süßen Hirsebrei, und wenn es sagte: „Töpfchen steh", so hörte es wieder auf zu kochen. Das Mädchen brachte den Topf seiner Mutter heim, und nun waren sie ihrer Armut und ihres Hungers ledig und aßen süßen Brei, so oft sie wollten. Auf eine Zeit war das Mädchen ausgegangen, da sprach die Mutter: „Töpfchen koche", da kochte es, und sie ißt sich satt; nun will sie, daß das Töpfchen wieder aufhören soll, aber sie weiß das Wort nicht. Also kocht es fort, und der Brei steigt über den Rand hinaus und kocht immerzu, die Küche und das ganze Haus voll, und das zweite Haus und dann die Straße, als wollt's die ganze Welt satt machen, und ist die größte Not, und kein Mensch weiß sich da zu helfen. Endlich, wie nur noch ein einziges Haus übrig ist, da kommt das Kind heim und spricht nur: „Töpfchen steh", da steht es und hört auf zu kochen; und wer wieder in die Stadt wollte, der mußte sich durchessen.

Aus: Kinder- und Hausmärchen der Brüder Grimm

Hirse wurde früher auch hier zu Lande häufig angebaut und gegessen. Sie gehört wie **Weizen**, **Roggen**, **Gerste**, **Hafer** zu den Getreidearten. In letzter Zeit kann man hierzulande manchmal wieder Felder mit einem Verwandten des Weizens, dem **Dinkel**, sehen. **Mais** kam vor einigen Jahrhunderten aus Mittel- und Südamerika nach Europa. Er wird bei uns häufig angebaut, insbesondere als Futter für Tiere, die uns Fleisch, Milch und Eier liefern. **Reis** gedeiht nur in südlicheren Gegenden, etwa in Italien und in verschiedenen Gegenden Asiens und Amerikas, er muss deshalb immer eingeführt werden. Getreide ist ein besonders wichtiges Grundnahrungsmittel. Brot entsteht aus Getreidekörnern, und auch für die Herstellung von Kuchen, Plätzchen, Reisauflauf, Müsli, Pizza braucht man ganze oder vermahlene Getreidekörner.

28

Was ist Gen-Mais?

Gen-Mais ist Mais, dem durch Menschenhand fremdes Erbmaterial (Gene) übertragen wurde, beispielsweise ein Bakterien-Gen, das die Maispflanze dazu bringt, ein für Insekten tödliches Gift herzustellen. Wenn damit die Maisschädlinge vernichtet werden, dann ist das doch gut, oder? Leider kann es durch Gen-Mais oder andere gentechnisch veränderte Pflanzen zu großen Problemen kommen. Ich nenne dir nur einige:

1. Auch andere Insekten wie Schmetterlinge können durch das von der Gen-Pflanze produzierte Insektengift getötet werden.
2. Bienen und andere Insekten sowie der Wind können Pollen des gentechnisch veränderten Maises zu Maispflanzen tragen, die nicht gentechnisch verändert sind. Damit wird auch bei diesen das Erbgut verändert.
3. Niemand weiß genau, welche gesundheitlichen Auswirkungen es hat, wenn wir Lebensmittel essen, die aus gentechnisch veränderten Pflanzen hergestellt sind oder Teile von ihnen enthalten.
4. Niemand weiß genau, welche gesundheitlichen Auswirkungen es hat, wenn wir Fleisch, Milch oder Eier verzehren, die von Tieren stammen, welche mit gentechnisch verändertem Mais (oder anderen gentechnisch veränderten Futterpflanzen) gefüttert wurden.

Wer keine gentechnisch veränderten Lebensmittel will, sollte

Rainer rät!

- beim Kauf von Lebensmitteln genau hinschauen, denn alle gentechnisch veränderten Lebensmittel und Futtermittel müssen gekennzeichnet sein;
- beim Kauf von Fleisch, Milch und Eiern sich möglichst informieren, woher die Lebensmittel stammen. Bislang müssen Produkte von Tieren, die mit gentechnisch veränderten Futtermitteln gefüttert wurden, nicht gekennzeichnet werden;
- Bio-Lebensmittel (siehe S. 50) bevorzugen, denn die sind in jedem Fall ohne Einsatz von Gentechnik hergestellt.

Ganze Körner

Schau dir Getreidekörner an. Es sind Samen, aus denen sich Getreidepflanzen entwickeln können. Ein Getreidekorn hat außen eine *Schale*. Im Innern ruht der *Keimling*. Sein Nahrungsvorrat ist der *Mehlkörper*.

Rainers Versuch: Weizenkörner keimen lassen

Dieser Versuch soll dir zeigen, wie aus dem Samenkorn mit dem Keimling die neue Pflanze entsteht.

Rainers Tipp

- Falte ein Papiertaschentuch 4-mal zusammen, so dass es in das Innere eines Schraubdeckels passt.
- Tränke das Taschentuch mit Wasser. Etwas Wasser soll im Deckel stehen bleiben.
- Lege auf das feuchte Taschentuch etwa 10 Weizenkörner.
- Nimm einen zweiten Schraubdeckel und decke ihn so über die Körner, dass ein Luftspalt frei bleibt.
- Stelle die Aussaat an einen warmen Platz, aber nicht in die Sonne.
- Halte die Aussaat feucht.

Bereits nach wenigen Tagen beginnen die Weizenkörner zu keimen. Entferne nun den Schutzdeckel, stelle deine Ansaat an einen hellen Platz und beobachte weiter. Bald werden die Keimlinge grün. Die junge Pflanze bildet nämlich so genanntes Blattgrün, mit dessen Hilfe sie zusammen mit Wasser und Licht ihre Nahrung selbst herstellen kann. Bislang hatte sie sich aus dem Nahrungsvorrat im Samenkorn ernährt. Damit die Pflanze weiterwachsen und sich mit Mineralstoffen versorgen kann, braucht sie nun auch Erde. Vielleicht setzt du einige der Pflänzchen in einen Blumentopf mit Erde und beobachtest ihr weiteres Wachstum?

Rainers Gemüsereis

Reiskörner sind die Samen der Reispflanze. Vollkornreis besteht aus den ganzen Reiskörnern und hat mehr Vitamine und Mineralstoffe als weißer Reis, bei dem die Schale entfernt wurde. Auch sogenannter Parboiled-Reis wurde geschält, aber ein Teil der entfernten wertvollen Vitamine und Mineralien wurden ihm nachträglich wieder zugeführt. Parboiled-Reis ist nach dem Kochen besonders locker, weil die Reiskörner nicht zusammenkleben.

Für 3 Personen
1 Zwiebel
1 grüner Paprika
1 roter Paprika
1 Tomate
1 Strunk Brokkoli

2 kleine Zucchini
2 EL Öl
½ TL Salz
nach Belieben: 1 Prise Pfeffer
1 Tasse Parboiled-Langkorn-Reis

1. Zwiebel schälen und in kleine Würfel schneiden.
2. Grünen Paprika, roten Paprika, Tomate, Brokkoli, Zucchini waschen und abtrocknen.
3. Paprika der Länge nach in vier Teile schneiden, Kerngehäuse ausschneiden, Kerne ausschütteln, weiße Häute mit dem Messer entfernen. Paprika in dünne Längsstreifen und dann in Würfel schneiden.
4. Tomate vierteln, Stielansatz herausschneiden, Tomate in kleine Würfel schneiden.
5. Vom Brokkolistrunk kleine Röschen abschneiden, Röschen halbieren.
6. Die Enden der Zucchini abschneiden. Zucchini der Länge nach halbieren, Hälften der Länge nach in drei oder vier Teile und quer zu Würfeln schneiden. Die Gesamtmenge der Gemüsewürfel (grüner und roter Paprika, Tomate, Brokkoli, Zucchino) sollte etwa ¾-1 Liter betragen.
7. Die Zwiebel in Öl bei mäßiger Hitze goldgelb dünsten.
8. Gemüse in folgender Reihenfolge zugeben: Zucchini, grüner Paprika, roter Paprika, Tomate, Brokkoli. Jeweils kurz dünsten, ehe das nächste Gemüse zugegeben wird.
9. Gemüse bei mäßiger Hitze andünsten, bis Flüssigkeit im Topf zu sehen ist.
10. Salz und nach Belieben Pfeffer zugeben. Reis einrühren, etwa 1 Minute aufkochen. Auf kleinste Stufe schalten und etwa ½ Stunde ziehen lassen.

Geräte und Hilfsmittel: Schneidebrett, Küchenmesser, Teller, Kochtopf, Kochlöffel, Esslöffel, Teelöffel, Tasse.

Rainers Tipp

Rainers Tipp:
• Dazu schmecken Würstchen (auch Sojawürstchen) oder Hackfleisch-Bällchen (siehe S. 85).

Hirse-Auflauf

Hirse besteht aus kleinen gelblichen Samenkörnern. Bis vor ungefähr 150 Jahren hat man Hirse auch in Deutschland angebaut und viel verwendet. Nach und nach ist sie aber in Vergessenheit geraten. Erst seit einiger Zeit erinnert man sich wieder an dieses Getreide, das nicht nur gut schmeckt, sondern auch gut tut. Hirse enthält viele Mineralstoffe, insbesondere Kieselsäure. Dieser Stoff ist für schöne, gesunde Haut und Haare nützlich. Probiere Hirse einfach einmal aus.

Für 2 Personen
1 Tasse Hirse
2 Tassen Wasser
1 Prise Salz
1 Ei
½ Vanillestange (der Länge nach halbiert)

2 EL Honig
2 EL Rosinen
3 Äpfel
4 EL süße Sahne
½ TL Butter

1. Hirse in einen Kochtopf schütten, 2 Tassen kaltes Wasser und 1 Prise Salz zugeben.
2. Wasser mit der Hirse zum Kochen bringen, bei ganz schwacher Hitze ziehen lassen, bis das Wasser verdunstet ist.
3. Das Ei in Eigelb und Eiweiß trennen (siehe S. 80). Eiweiß in den Mixbecher geben, Eigelb in die Schüssel gleiten lassen.
4. Eiweiß mit dem Handrührgerät im Mixbecher steif schlagen (siehe S. 80).
5. Mit einem Teelöffel das Mark aus der halben Vanillestange kratzen. Mark zum Eigelb geben.
6. Eigelb, Vanillemark und Honig mit dem Handrührgerät in der Schüssel cremig rühren.
7. Äpfel waschen, schälen, in Viertel schneiden, Kerngehäuse herausschneiden. Äpfelviertel in dünne Scheiben schneiden.
8. Hirse mit Eigelb-Creme, Rosinen, Äpfeln und süßer Sahne vermengen.
9. Am Schluss das steife Eiweiß locker und vorsichtig unterheben.
10. Eine Auflaufform mit Butter ausstreichen, Hirsemasse einfüllen und mit dem Esslöffel glatt streichen.
11. Auflauf in den vorgeheizten Backofen (siehe S. 17) schieben (untere Schiene) und in etwa 40 Minuten bei 190 °C goldbraun backen.

Geräte und Hilfsmittel: Kochtopf, Tasse, Schüssel, Teelöffel, Handrührgerät, Mixbecher, Küchenmesser, Schneidebrett, Esslöffel, Auflaufform.

Rainers Tipp:
• Du kannst die Hirse auch mit einer Wasser-Milch-Mischung (1 Tasse Wasser, 1 Tasse Milch) kochen.

Müsli und Getreidebrei

Müsli entsteht, wenn gemahlenes Getreide oder Getreideflocken mit kalter oder warmer Flüssigkeit (Wasser, Milch, Dickmilch oder Joghurt) vermischt, aber nicht gekocht werden. Dazu kommen Obst, Nüsse oder süße Mandeln, Rosinen. Würzen kann man nach Belieben mit Vanillepulver, Zimt, Kakao, Zitronensaft.

Getreidebrei essen die Menschen schon seit vielen Jahrtausenden. Er wird aus ganzen oder gemahlenen Getreidekörnern und Wasser (oder Milch) gekocht, meistens noch verfeinert mit Zucker oder Honig, Rosinen, Nüssen oder süßen Mandeln und gewürzt etwa mit Vanillepulver, Zimt, Kakao oder Zitronensaft.

Rainer rät:
• Es lohnt sich, auf Fertigmüsli zu verzichten und sich das Müsli selbst zusammenzustellen. Damit sparst du Geld und kannst Zutaten und Würze nach deinem eigenen Geschmack wählen. Da Müsli wegen seiner Zutaten ohnehin süß schmeckt, ist Zucker oder Honig oft überflüssig. Wer sein Müsli lieber süßer hat, kann mehr Trockenfrüchte wie Rosinen, Aprikosen oder Zwetschgen zugeben oder auch eine Banane.

Lust auf Süßes?

Hast du oft Lust auf Süßes? Dann kann es sein, dass du deinen Körper bereits an das regelmäßige Verspeisen von Süßigkeiten gewöhnt hast. Zucker sollte man aber möglichst sparsam verwenden, da er in größerer Menge nicht nur den Zähnen, sondern dem Körper insgesamt nicht gut tut und auch Übergewicht fördert.

Rainer rät:

- Vielleicht versuchst du, immer häufiger einen Tag ohne Schokolade und andere süße Naschereien einzulegen?
- Wenn du Lust auf Süßes hast, kannst du dir mit frischem Obst, siehe dazu Kapitel »Süße Genüsse«, oder mit Trockenfrüchten wie Rosinen, getrockneten Zwetschgen oder getrockneten Aprikosen einen gesunden Genuss bieten. Trockenfrüchte können oft auch den Zucker ersetzen.
- Statt mit Zucker kann man manchmal mit Honig, Apfel- oder Birnendicksaft süßen. Aber auch diese Süßungsmittel solltest du mit Bedacht einsetzen.
- Genieße selten, dann aber ganz bewusst, ein wenig Schokolade oder ein Plätzchen oder ein Stück Kuchen.

Müsli

Für 1 Person
3-4 EL Haferflocken
3-4 EL Milch (oder Joghurt, Dickmilch, Kefir)

1 TL geriebene Haselnüsse oder süße Mandeln oder Walnüsse
1 kleiner Apfel
1 TL Rosinen

1. Haferflocken mit Milch, Haselnüssen und Rosinen vermischen.
2. Apfel waschen und in Viertel schneiden. Viertel schälen, Kerngehäuse entfernen.
3. Apfelstücke auf einer Apfelreibe reiben und zum Müsli geben. Alles vermischen.

Geräte und Hilfsmittel: kleine Schüssel, Esslöffel, Teelöffel, Küchenmesser, Schneidebrett, Apfelreibe.

Rainers Tipp

Rainers Tipp:

- Du kannst statt der Rosinen auch klein geschnittene Trockenzwetschgen nehmen.
- Auch eine Messerspitze Vanillepulver, Zimt oder Kakao oder einige Tropfen Zitronensaft können als Würze zugegeben werden.

Grießbrei

Für 3 Personen
¾ l Milch
1 Prise Salz

75 g Grieß
1-2 EL Honig
½ TL Zimt

1. Milch in einen Kochtopf schütten, Salz zugeben.
2. Milch unter Rühren zum Kochen bringen.
3. Grieß in die kochende Milch unter ständigem Rühren mit dem Schneebesen langsam einrinnen lassen.
4. Masse unter häufigem Umrühren bei geringer Hitze etwa 5 Minuten garen lassen.
5. Topf von der Herdplatte nehmen. Mit dem Schneebesen den Honig unterrühren.

6. Brei auf Teller verteilen. Mit Zimt bestreuen.

Geräte und Hilfsmittel: Kochtopf, Schneebesen, Esslöffel, Teelöffel.

Rainer warnt:
• Der dickflüssige heiße Brei kann beim Garen spritzen. Daher Abstand halten.

Rainers Tipp:
• Dazu passt Apfelkompott (Rezept siehe S. 63) sehr gut.

Brot und Semmeln

Beim Backen von Brot und Semmeln wird aus den gemahlenen Getreidekörnern ein Teig bereitet. Selbst eine Hexe oder ein Hexenfuchs können diesen Teig nur dann in Brot und Semmeln verwandeln, wenn sie ihm ein Treibmittel zusetzen. Treibmittel zaubern Gasbläschen in den Teig, lassen ihn dadurch »aufgehen« und das Gebäck locker werden. Es gibt verschiedene Treibmittel:
Hefe besteht aus Hefepilzen, die den Zucker im Teig als Futter nehmen und sich mit Hilfe der Kraftnahrung explosionsartig vermehren.
Sauerteig enthält ebenfalls Hefepilze, aber auch Bakterien.
Bei **Backpulver** ist die Teiglockerung am geringsten. Im Backpulver bilden nicht Lebewesen die Gasbläschen, sondern Natron. Das ist ein weißes Pulver aus dem Chemielabor.

Vollkornmehl oder weißes Mehl?
Durch Mahlen entsteht aus den Getreidekörnern Mehl. Bei Weißmehl wurden die Schalenteile und der Keimling ausgesiebt. Im Vollkornmehl ist dagegen das ganze Getreidekorn enthalten. Vollkornmehl enthält mehr Eiweiß, Mineralstoffe, Vitamine und Ballaststoffe.
Vollkornmehl schmeckt etwas nussig. Vollkornbrot und Vollkornspeisen machen schneller satt, und man bekommt nicht so schnell wieder Hunger. Allerdings sind sie etwas schwerer verdaulich.

Rainer rät:
• Iss öfter einmal Vollkornbrot oder andere Speisen aus Vollkorn.
• Vollkornmehl sollte möglichst frisch verarbeitet werden. Im Reformhaus oder im Naturkostladen kannst du dir die Getreidekörner gröber oder feiner mahlen lassen.
• Wenn du bislang keine Vollkornprodukte gegessen hat, solltest du deine Verdauungsorgane schrittweise daran gewöhnen. So kannst du beispielsweise ein Nudelgericht mit einem Teil Vollkornnudeln zubereiten. Das Umsteigen fällt auch leichter, wenn du zunächst nur Vollkornbrot isst, das aus sehr fein gemahlenem Vollkornmehl gebacken wurde.

Rainer rät!

Brot

125 ml Milch
10 EL Wasser
½ TL Zucker
1 gehäufter TL Trockenhefe
200 g Dinkelvollkornmehl

175 g Dinkelmehl (Type 630)
½ TL Salz
1 EL Öl
Butter oder Öl zum Ausstreichen der Form.

1. Milch und Wasser in einem Topf auf dem Herd etwas erwärmen, in eine Schüssel gießen.

2. Zucker und Trockenhefe in die Milch-Wasser-Mischung einstreuen. Umrühren, bis sich beides aufgelöst hat.

3. Flüssigkeit 10 Minuten stehen lassen.

4. In der Zwischenzeit Mehl und Salz in eine Schüssel geben. Wasser-Milch-Hefe-Mischung und Öl zugeben.

5. Teig so lange kneten, bis er sich von selbst vom Schüsselboden löst. Falls nötig, noch etwas lauwarme Milch zugeben.

6. Schüssel mit einem sauberen Geschirrtuch abdecken und an einem warmen Ort eine Stunde stehen lassen.

7. Den aufgegangenen Teig nochmals einige Zeit kräftig durchkneten. In eine mit Fett ausgestrichene Kastenform legen, zudecken und an einem warmen Ort nochmals ½ Stunde gehen lassen.

8. Kastenform auf die unterste Schiene des auf 190 °C vorgeheizten Backofens (siehe S. 17) stellen. Nach 10 Minuten Brot auf der Oberfläche mit Wasser bepinseln.

9. Nach weiteren etwa 50 Minuten Brot aus dem Ofen holen, in der Form etwas abkühlen lassen und dann auf ein Holzbrett oder einen Gitterrost zum Auskühlen stürzen.

Geräte und Hilfsmittel: Kochtopf, Teelöffel, Kochlöffel, Esslöffel, 2 Schüsseln, Geschirrtuch, Kastenform, Küchenpinsel, Holzbrett oder Gitterrost.

Rainers Tipp:
- Du kannst den Teig auch mit Weizenvollkorn- und Weizenmehl zubereiten.
- Der Teig lässt sich auch mit 375 g weißem Mehl herstellen. Du brauchst dann aber etwas weniger Wasser.

Semmeln

Zutaten wie beim Rezept für »Brot«.
Der fertige Teig wird aber nicht in eine Kastenform gefüllt, sondern:

1. Teig auf einem Schneidebrett zu einer Rolle von etwa 5 cm Durchmesser formen.

2. Von dieser Rolle 8 gleichmäßig dicke Scheiben abschneiden.

3. Scheiben mit den Händen zu Semmeln formen.

4. Backtrennpapier für die Größe des Backblechs zuschneiden. Backblech damit belegen und Semmeln darauf setzen.

5. Semmeln mit Geschirrtuch zudecken und nochmals 10-15 Minuten gehen lassen.

6. Backofen auf 190 °C vorheizen.

7. Auf der Oberseite der Semmeln etwa 1,5 cm tief ein Kreuz einschneiden.

8. Backblech auf die 2. Schiene von unten schieben.

9. Semmeln in etwa 25 Minuten goldbraun backen.

Geräte und Hilfsmittel: wie beim Rezept für Brot, außerdem: Schneidebrett, Küchenmesser, Backblech, Backtrennpapier, Schere, Geschirrtuch.

Blitz-Quarksemmeln

Wenn du wenig Zeit hast und trotzdem knusprige Semmeln backen willst, probiere dieses Rezept.

125 g Magerquark
4 EL Öl
4 EL Milch
4 EL Wasser

½ TL Salz
250 g Weizenmehl oder Dinkelmehl
4 (gestrichene) TL Backpulver (siehe S. 18)

1. Quark, Öl, Milch, Wasser und Salz verrühren.
2. Mehl und Backpulver mischen und unter die Quarkmischung kneten.
3. Backofen auf 190 °C vorheizen.
4. Teig auf einem Schneidebrett zu einer Rolle von etwa 5 cm Durchmesser formen.
5. Von dieser Rolle 8 gleichmäßig dicke Scheiben abschneiden.
6. Scheiben mit den Händen zu Semmeln formen.
7. Backtrennpapier für die Größe des Backblechs zuschneiden. Backblech damit belegen und Semmeln darauf setzen.
8. Auf der Oberseite der Semmeln etwa 1,5 cm tief ein Kreuz einschneiden.
9. Backblech auf die 2. Schiene von unten schieben.
10. Semmeln in etwa 25 Minuten goldbraun backen.

Geräte und Hilfsmittel: Schüssel, Esslöffel, Teelöffel, Schneidebrett, Küchenmesser, Backblech, Backtrennpapier, Schere.

Rainers Tipp:
- Noch schöner schauen die Semmeln aus, wenn du sie vor dem Backen mit etwas Mohn bestreust oder mit einigen Kürbis- oder Sonnenblumenkernen belegst.

Rainers Tipp

Brotaufstrich

Für 4 Personen
250 g Magerquark
1 kleiner Becher (150 ml) Joghurt natur
1 hart gekochtes Ei (siehe S. 77)

1 Apfel
1 Kästchen Kresse (oder selbst gezogene Kresse siehe S. 55)
¼ TL Salz

1. Quark und Joghurt in einer Schüssel mit dem Handrührgerät oder einem Kochlöffel vermischen.
2. Ei schälen, der Länge nach halbieren. Eidotter mit einem Löffel herausnehmen und auf einem Teller mit der Gabel zerdrücken.
3. Zerdrücktes Eigelb zur Quarkmasse geben und unterrühren.
4. Eiweiß in kleine Würfel schneiden.
5. Kresse mit der Küchenschere abschneiden, waschen, trocken tupfen, auf dem Schneidebrett klein schneiden.
6. Apfel waschen, schälen, vierteln, Kerngehäuse ausschneiden. Auf der Gemüsereibe reiben.
7. Eiweiß, Kresse, Apfel und Salz zum Quark geben und alles miteinander vorsichtig verrühren.

Geräte und Hilfsmittel: Schüssel, Handrührgerät oder Kochlöffel, Küchenmesser, Schneidebrett, Esslöffel, Gabel, Küchen-schere, Gemüsereibe.

Rainers Tipp:

- Der Aufstrich schmeckt nicht nur auf Brot und Semmeln, sondern auch zu Pellkartoffeln (siehe Seite ...).
- Lass dir selbst verschiedene Brotaufstriche einfallen: mit kleingeschnittenen Radieschen, mit geraspelten Gelben Rüben, mit geriebenen Haselnüssen, mit Banane ...

Nudeln

Spaghetti und andere Nudeln wie Makkaroni, Tagliatelle oder Spätzle entstehen aus Mehl und Wasser, manchmal kommt auch noch Ei dazu.

Man weiß nicht genau, wer die auch »Teigwaren« genannten Nudeln erfunden hat: Waren es die Chinesen oder doch die Italiener? Vielleicht kamen auch verschiedene Personen in mehreren Ländern oder Gegenden eines Tages auf die Nudelidee? Jedenfalls lassen sich Nudeln immer wieder anders zubereiten.

Rainer rät:

- Fürs Nudelkochen ist ein großer Topf mit viel Wasser und einer Prise Salz richtig. Die Kochzeiten sind je nach Nudelsorte unterschiedlich und meist auf der Packung angegeben. Gieße die Nudeln auf einem Sieb ab. Lockere sie mit einer Gabel auf, um das Zusammenkleben zu verhindern.
- Nudeln sollten nicht batzig weich gekocht werden, sondern einen harten Kern behalten, man nennt sie dann »bissfest« oder auf Italienisch »al dente«. Lies in jedem Fall die Packungsaufschrift, dort steht meist, wie lange man die verwendete Nudelsorte kochen soll.

Selbst gemachte Nudeln

Für 2-3 Personen
150 g Weizen-Vollkornmehl
150 g helles Weizenmehl
2 Eier
1 Prise Salz

1 TL Öl
2-8 EL Wasser
etwas Mehl
½ TL Salz

1. Mehl, Eier Salz, und Öl in eine Schüssel geben.
2. Zunächst 2 EL Wasser zugeben und alles verkneten, nach Bedarf jeweils weitere EL Wasser zugeben. Teig sorgfältig verkneten.
3. Teig auf eine saubere Arbeitsfläche legen und so lange kneten, bis er geschmeidig und nicht mehr klebrig ist.
4. Teig in drei Stücke teilen und jedes Stück nochmals gründlich durchkneten.
5. Teigstücke wieder zusammenfügen. Teig zu einer Kugel formen, mit Geschirrtuch bedecken und 1 Stunde ruhen lassen.
6. Auf dem Tisch ein frisch gewaschenes Geschirrtuch ausbreiten, etwas Mehl darauf verteilen.
7. Nudelholz mit etwas Mehl einreiben. Teig auf dem Tuch 1 bis 2 mm dünn ausrollen.
8. Teig ½ Stunde zum Trocknen auf dem Tuch liegen lassen.
9. Teig locker zusammenrollen und in dünne Nudeln schneiden. Nudeln nochmals eine halbe Stunde trocknen lassen.
10. Einen großen Topf mit Wasser füllen, ½ TL Salz hineingeben.
11. Wasser zum Kochen bringen und die Nudeln etwa 5-8 Minuten kochen lassen.
12. Nudeln auf ein Sieb schütten und im Sieb mit einer Gabel auflockern.

Geräte und Hilfsmittel: Schüssel, Esslöffel, Teelöffel, 2 Geschirrtücher, Nudelholz, Küchenmesser, großer Topf, Küchensieb, Gabel.

Rainers Tipp:
- Du kannst auch insgesamt 300 Gramm weißes Mehl nehmen. Die Nudeln sind dann aber weniger sättigend und enthalten weniger Ballaststoffe, Eiweiß, Vitamine, Mineralstoffe.
- Zu Nudeln schmeckt Tomatensoße (siehe S. 51), Rindergulasch (siehe S. 86) und so vieles andere ...

Knödel und Pflanzerl

Knödel oder **Klöße** sind aus Teig (beispielsweise Semmelteig, Kartoffelteig, Getreideteig, Fleischteig) geformte Kugeln, die in Salzwasser gekocht werden. Man isst sie als Suppeneinlagen, als Beilagen zu Fleischspeisen oder mit schmackhaften Soßen.

Pflanzerl, **Bratlinge** oder **Frikadellen** heißen ebenfalls aus Teig geformte rundliche oder längliche, flache Küchlein, die in der Pfanne gebraten werden. Oft bestehen sie aus Hackfleisch, Zwiebel, Kräutern und Gewürzen. Ohne Fleisch, dafür aus grob gemahlenem Vollkornmehl oder Getreideflocken und Gemüse sind sie heutzutage besonders »in«.

Haferflocken-Nockerl

2 Personen	1 TL Öl
300 g gekochte Kartoffeln	1 Ei
100 g Haferflocken	3 Prisen Salz

1. Kartoffeln schälen. Mit einer Gabel auf einem großen Teller zerdrücken.
2. Zerdrückte Kartoffeln in eine Schüssel geben. Haferflocken, Öl, Ei und 2 Prisen Salz zufügen und alles gründlich mit den Händen zu Knödelteig verkneten.
3. Mit einem Teelöffel Teig abstechen und mit dem zweiten Teelöffel etwa walnussgroße runde oder längliche Nockerl formen.
4. Wasser mit einer Prise Salz in einem großen Topf zum Kochen bringen. Nockerl hineinlegen.
5. Nockerl bei geringer Hitze etwa 15 Minuten ziehen lassen. Mit dem Schaumlöffel aus dem Wasser heben und abtropfen lassen.

Geräte und Hilfsmittel: Gabel, Küchenmesser, großer Teller, Schüssel, 2 Teelöffel, Kochtopf, Schaumlöffel.

Rainers Tipp:
- Dazu schmeckt Tomatensoße (siehe S. 51).
- Die Nockerl passen gut zum Rindergulasch (siehe S. 86).
- Du kannst sie auch süß genießen: Bestreue die Nockerl mit einer Zucker-Zimt-Mischung und iss dazu Apfelkompott (siehe S. 63).

Grünkern-Pflanzerl

Grünkern heißen Dinkelkörner, die noch vor der Reife geerntet und anschließend gedörrt und geschält wurden. In früheren Zeiten hat man dieses besonders aromatisch schmeckende Lebensmittel häufig verwendet.

Für 4 Personen

1 Zwiebel	2 Eier
2 EL Öl	50 g geriebener Emmentaler
200 g grob gemahlener Grünkern	1 TL Senf
300 ml Wasser	1 Bund Petersilie oder Schnittlauch
2 Zucchini	½ TL Salz
	2 EL Öl

1. Zwiebel schälen und in kleine Würfel schneiden.
2. In einem Topf das Öl erhitzen und Zwiebel unter Rühren glasig dünsten.
3. Grünkern zugeben und unter Rühren kurz anrösten. Wasser langsam und vorsichtig unter Rühren zugießen. Masse 10 Minuten köcheln lassen, dabei immer wieder umrühren.
4. Herdplatte ausschalten und Topf mit dem Brei von der Herdplatte ziehen. Zugedeckt 15 Minuten stehen und quellen lassen.
5. In der Zwischenzeit Zucchini waschen, abtrocknen, Enden abschneiden. Die Zucchini auf einer Gemüsereibe raspeln.
6. Eier einzeln in einer Tasse aufschlagen (siehe S. 79), dann mit den Zucchini zum Brei geben.
7. Mit dem Handrührgerät alles gut vermischen.
8. Petersilie oder Schnittlauch waschen und trocken tupfen. Fein schneiden und zusammen mit Senf, Salz und geriebenem Käse unter die Masse mischen.
9. Mit einem Esslöffel Teig abstechen. Aus dem Teig mit Hilfe eines zweiten Esslöffels runde, etwas abgeflachte Pflanzerl formen.
10. Öl in eine Bratpfanne geben und erhitzen. Pflanzerl auf einer Seite goldbraun braten.
11. Pfanne von der heißen Herdplatte ziehen. Mit dem Pfannenwender Pflanzerl wenden. Pfanne wieder auf die Herdplatte stellen und Pflanzerl auch auf der anderen Seite goldbraun braten.

Geräte und Hilfsmittel: Schneidebrett, Küchenmesser, 2 Esslöffel, Kochtopf, Kochlöffel, Gemüsereibe, Tasse, Handrührgerät, Teelöffel, Bratpfanne, Pfannenwender.

Rainer warnt:
- Der kochende Grünkernbrei kann spritzen, daher Abstand halten. Beim Braten der Pflanzerl: Vorsicht vor spritzendem Fett.

Rainers Tipp:
- Statt Zucchini kannst du, etwa im Winter, auch 2 Gelbe Rüben verwenden.
- Dazu passt grüner oder gemischter Salat.
- Die Pflanzerl schmecken kalt ebenfalls gut. Du kannst sie auch als Burger mit Ketchup, Senf oder Majonäse und einem Salatblatt in eine Semmel legen.

Kaum zu glauben, dass in Europa Kartoffeln als Nahrungsmittel erst seit etwa 250 Jahren angebaut werden. Die Spanier brachten bereits 1555 die ersten Kartoffeln aus Südamerika nach Europa, wo man sie zunächst nur als Zierpflanzen im Garten zog. Erst Hungersnöte in verschiedenen Gegenden brachten die Menschen dazu, die Kartoffel als Lebensmittel einzusetzen. Allerdings probierte man zunächst die Früchte, musste aber feststellen, dass sie giftig sind. Erst als man auf die Idee kam, die unterirdischen Teile, die Knollen, zu essen, stieg die Kartoffel zu dem wichtigen Lebensmittel auf, das sie heute noch ist.

Kartoffeln gedeihen auch in Gegenden, in denen der Getreideanbau kaum möglich ist.

In den deutschen Mundarten haben Kartoffeln unterschiedliche Namen, beispielsweise: Duffel, Erpel, Erappel, Erdäpfel, Grundbirnen, Grumbeeren, Potaken, Tüffel. Man sieht daran, wie wichtig Kartoffeln für die Menschen wurden.

Kartoffeln – Notlösung in der Küche?

Kartoffeln hatten früher einen eher schlechten Ruf, denn sie galten als Essen der armen Leute und als Schweinefutter. Eine Zeitlang waren sie sogar als »Dickmacher« verrufen. Heute weiß man, dass Kartoffeln wenig Kalorien enthalten, also nicht dick machen, und viele wichtige Nährstoffe liefern. Mit Kartoffeln nehmen wir viel Stärke auf, die wir für Kraft und Ausdauer brauchen, dazu ein besonders hochwertiges Eiweiß, das für den Aufbau des Körpers wichtig ist und auch viele Mineralstoffe und Vitamine. So steckt in einer großen Kartoffel so viel Vitamin C wie in einer Orange.

Rainer rät:
- Kartoffelgerichte sollten oft auf den Teller. Aus Kartoffeln lassen sich unterschiedliche und köstliche Gerichte zubereiten.
- Kartoffeln sind kalorienarm und helfen damit, Übergewicht zu vermeiden. Besonders fettarme Zubereitungen sind Pellkartoffeln oder Kartoffelbrei.

Rainer warnt:
- Grüne Stellen an Kartoffeln enthalten Giftstoffe. Sind diese Stellen groß oder hat eine Kartoffel mehrere grüne Stellen, solltest du sie wegwerfen. Eine kleine grüne Stelle kann großzügig ausgeschnitten werden.

Zaubereien aus rohen Kartoffeln

Aus rohen (ungegarten) Kartoffeln lassen sich ebenso köstliche Gerichte zaubern wie aus zuvor gekochten Kartoffeln.

Rainer rät:
- »Schäle Flecken, Vertiefungen und »Augen« mit der Spitze des Sparschälers aus.

Pellkartoffeln

Kartoffeln
Wasser

1. Kartoffeln waschen und in den Kochtopf legen.
2. Nur so viel Wasser einfüllen, dass etwa die Hälfte der Kartoffeln bedeckt ist.
3. Wasser mit den Kartoffeln zum Kochen bringen, dann auf mittlere Temperatur zurückschalten.
4. Die Kartoffeln etwa 20-25 Minuten kochen lassen.
5. Nach der Kochzeit Wasser abgießen. Heiße Kartoffeln auf die Gabel spießen und mit dem Messer die Schale abziehen.

Geräte und Hilfsmittel: Kochtopf, Gabel, Küchenmesser.

Rainers Tipp:
- Zu Pellkartoffeln passt Quark, etwa der Bunte Quark auf Seite 73.
- Auch die grüne Soße (siehe S. 78) kannst du dazu reichen, oder
- du schälst die etwas abgekühlten Kartoffeln und verarbeitest sie zu Kartoffelsalat (siehe S. 42).

Rainer rät:
- Die Kochzeit richtet sich nach der Größe der Kartoffeln. Wähle darum für den Kochtopf Kartoffeln aus, die etwa die gleiche Größe haben. Prüfe nach etwa 20 Minuten mit Messer oder Gabel, ob die Kartoffeln schon fertig gegart sind.
- Besonders leicht (und ohne verbrannte Finger) geht das Schälen, wenn man die Kartoffel auf eine Gabel mit drei Zinken spießt. Diese Spezialgabel gibt es im Haushaltswarengeschäft oder in der Haushaltsabteilung.

Weiß-roter Kartoffelbrei

Für 2 Personen   ca. 225 ml Milch
750 g Kartoffeln   1-2 EL Tomaten-Ketchup
1 Prise Salz   nach Bedarf: Salz und Pfeffer

1. Kartoffeln waschen, schälen, waschen, in vier Teile schneiden. Die Teile nochmals halbieren.
2. Kartoffelstücke in einen Topf geben, mit Salz bestreuen. Nur so viel Wasser zugießen, dass knapp die Hälfte der Kartoffelstücke mit Wasser bedeckt sind.
3. Wasser zum Kochen bringen und Kartoffelstücke in etwa 20 Minuten weich kochen.
4. In der Zwischenzeit Milch unter Rühren aufkochen lassen. Herdplatte ausschalten.
5. Kartoffelstücke mit dem Kartoffelstampfer zerdrücken. Nach und nach heiße Milch nach Bedarf zugeben.
6. Kartoffelbrei mit dem Schneebesen luftig schlagen.
7. Einen Teil des Kartoffelbreis mit Tomaten-Ketchup verrühren.
8. Weißen und roten Kartoffelbrei nach Bedarf noch mit Salz und Pfeffer würzen und sofort zu Tisch bringen.

Geräte und Hilfsmittel: Sparschäler, Schneidebrett, Küchenmesser, 2 Kochtöpfe, Kochlöffel, Kartoffelstampfer, Schneebesen, Esslöffel.

Rainers Tipp:
- Dazu passen Würstchen (auch Sojawürstchen), Schnitzel, gedünstetes Gemüse oder Apfelkompott (siehe S. 69).

Kartoffelpuffer

Für 2-3 Personen	1 Ei
2 Gelbe Rüben	100 g Mehl
500 g Kartoffeln	½ TL Salz
1 Apfel	3-4 EL Öl

1. Gelbe Rüben, waschen, schälen, abtrocknen. Auf der Gemüsereibe reiben.
2. Kartoffeln waschen, schälen, abtrocknen. Auf der Gemüsereibe reiben.
3. Apfel waschen, schälen, vierteln, Kernhaus entfernen. Auf der Gemüsereibe reiben.
4. Ei, Mehl, Salz zugeben und alles mit dem Kochlöffel sorgfältig vermischen.
5. In der Bratpfanne Öl erhitzen.
6. Pro Puffer etwa 2 EL Teig in die Pfanne geben, mit dem Kochlöffel jeweils zu einem flachen Puffer formen. So können gleichzeitig mehrere Puffer gebraten werden. Pfanne zudecken.
7. Backofen auf 50 °C heizen.
8. Kartoffelpuffer bei geringer Hitze goldbraun braten. Dann mit Hilfe von Gabel und Pfannenwender wenden und auf der anderen Seite braten.
9. Kartoffelpuffer auf den Teller geben und im Backrohr warm halten, bis alle Puffer gebacken sind.

Geräte und Hilfsmittel: Sparschäler, Küchenmesser, Schüssel, Gemüsereibe, Schneidebrett, Teelöffel, Kochlöffel, Bratpfanne mit Deckel, Esslöffel, Pfannenwender, Gabel, Teller.

Rainers Tipp:
- Dazu passt Apfelkompott (siehe S. 63) oder Sauerkraut.
- Mir schmeckt dazu auch Quark: Ich rühre Magerquark mit etwas Milch cremig, gebe 1-2 Prisen Salz dazu und ganz viel fein geschnittenen Schnittlauch.

Rainer warnt:
- Achtung vor Verbrennungen mit heißem Fett!

Zaubereien aus gekochten Kartoffeln

Pellkartoffeln sind selbst schon eine gute Mahlzeit. Sie sind aber auch die Grundlage für viele feine Gerichte.

Kartoffelsalat

Für 3-4 Personen	1 EL Senf
800 g Kartoffeln	½ Salatgurke
1 Zwiebel	½ TL Salz
½ Becher Joghurt (fettarm)	1 Prise Pfeffer
2 EL Essig	1 Bund Schnittlauch
3 EL Öl	

1. Kartoffeln waschen und wie unter »Pellkartoffeln« angegeben kochen und schälen.
2. Kartoffeln in dünne Scheiben schneiden. Scheiben in eine Salatschüssel legen.
3. Für die Salatsoße Joghurt, Essig, Öl, Senf in einem Becher sorgfältig mischen und verrühren.
4. Zwiebel abziehen und in feine Würfel schneiden.
5. Gurke waschen, schälen und auf der Gemüsereibe raspeln. Raspel in die Salatschüssel geben.
6. Kartoffelscheiben mit Zwiebel, Gurke und Salatsoße vermischen.
7. Salat mit Salz und Pfeffer würzen.
8. Salat zudecken und etwa ½ Stunde durchziehen lassen.
9. Schnittlauch waschen, trocken tupfen und in feine Röllchen schneiden. Vor dem Servieren unter den Salat mischen.

Geräte und Hilfsmittel: Kochtopf, Gabel, Küchenmesser, Schneidebrett, Salatschüssel, größerer Becher oder Mixbecher, Esslöffel, Gemüsereibe, Sparschäler, Salatbesteck, Teelöffel.

Rainers Tipp:
• Dazu schmecken hart gekochte Eier, Grünkern-Pflanzerl (siehe S. 38) oder Würstchen.

Rainers Tipp

Kartoffel-Zucchini-Pfanne

Für 2 Personen
2 Zwiebeln
2 Zucchini
500 g gekochte Kartoffeln
2 Eier
1 Bund Schnittlauch

½ Tasse Milch
1 Prise Pfeffer
1 Prise Salz
¼ TL Salz
2-3 EL Öl
50 g geriebener Käse

1. Zwiebeln schälen, halbieren und quer in feine Scheiben schneiden.
2. Zucchini waschen, abtrocknen, die beiden Ende abschneiden. Zucchini der Länge nach halbieren, die Hälften in Scheiben schneiden.
3. Kartoffeln waschen, schälen, der Länge nach halbieren, die Hälften in Scheiben schneiden.
4. Schnittlauch waschen, trocken tupfen, in feine Röllchen schneiden.
5. Eier einzeln in einer Tasse aufschlagen (siehe S. 79), in einen Suppenteller geben und mit einer Gabel verrühren. Milch sowie je eine Prise Salz und Pfeffer zugeben. Alles gut verrühren.
6. Öl in der Pfanne erhitzen, Zwiebeln zugeben und unter Rühren bei mäßiger Hitze hellgelb werden lassen.
7. Zucchinischeiben zugeben und unter öfterem Wenden bei mäßiger Hitze etwa 5 Minuten braten.
8. Kartoffelscheiben zugeben und zusammen mit den Zucchini unter öfterem Wenden bei mäßiger Hitze weitere 5 Minuten braten.
9. Salz zugeben.
10. Ei-Milch-Mischung über die Zwiebel-Kartoffel-Zucchini-Mischung geben. Mit geriebenem Käse bestreuen, auf geringe Hitze schalten, Deckel auf die Pfanne geben und Pfanneninhalt stocken lassen.
11. Pfanne von der heißen Platte ziehen und Inhalt vor dem Servieren mit Schnittlauch bestreuen.

Geräte und Hilfsmittel: Küchenmesser, Schneidebrett, Tasse, Suppenteller, Gabel, große Bratpfanne mit Deckel, Pfannenwender, Teelöffel, Esslöffel.

Kartoffelkuchen mit Wirsing

Für 3-4 Personen

8 mittelgroße gekochte Kartoffeln

100 g Mehl

1 Ei

2 Prisen Salz

1 Messerspitze Muskatnuss

1 EL Öl für die Form

½ großer oder 1 ganzer kleiner Wirsingkopf

1-2 EL Öl für die Pfanne

2 Knoblauchzehen

½ TL Salz

4 EL süße Sahne

100 g geriebener Käse

1. Kartoffeln schälen, vierteln. Mit einer Gabel auf einem Teller zu Brei zerdrücken.
2. Kartoffeln in eine Teigschüssel geben. Ei am Rand einer Tasse aufschlagen, Inhalt in die Tasse gleiten lassen. Ei zur Kartoffelmasse geben.
3. Mehl, 2 Prisen Salz und etwas geriebene Muskatnuss zugeben. Alles mit den Händen zu einem mittelfesten Teig verkneten. Falls der Teig zu weich ist, noch etwas Mehl zugeben.
4. Eine Pie- oder Pizzaform mit Öl ausstreichen. Teig auf dem Boden verteilen, einen Rand hochdrücken.
5. Wirsing halbieren. Eine Hälfte nochmals halbieren, Strunk abschneiden, äußere welke Blätter entfernen. Große Rippen ausschneiden.
6. Wirsing in dünne Streifen schneiden, Streifen waschen, auf einem Küchensieb abtropfen lassen.
7. Öl in einer Pfanne erhitzen und Wirsing darin unter Rühren etwa 10 Minuten dünsten.
8. In der Zwischenzeit Knoblauch schälen und durch die Knoblauchpresse drücken. Knoblauch zum Wirsing zugeben. Wirsing salzen.
9. Wirsing auf den Kuchenteig geben und glatt streichen. Sahne möglichst gleichmäßig über die Wirsingfläche verteilen.
10. Kuchen in den auf 190 °C vorgeheizten Backofen (unterste Schiene) stellen. Nach 30 Minuten geriebenen Käse auf dem Kuchen verteilen. Noch 15-20 Minuten backen lassen.

Geräte und Hilfsmittel: Küchenmesser, Gabel, Teller, Teigschüssel, Tasse, Pie- oder Pizzaform, Schneidebrett, Küchensieb, Bratpfanne, Esslöffel, Pfannenwender, Knoblauchpresse, Teelöffel.

Rainers Tipp:
• Du kannst den Kartoffelteig auch mit anderen Zutaten belegen, z. B. mit klein gewürfelten Tomaten oder Zucchini.

NICHT NUR
GRÜNZEUG:

GEMÜSE
UND
SALAT

Es war einmal eine Frau, die erwartete ein Kind. Eines Tages schaute sie aus ihrem Fenster in den Nachbargarten und sah dort ein Beet mit schönsten Rapunzeln. Sie verspürte heftigen Appetit auf die Rapunzeln und mit jedem Tag wurde ihr Verlangen nach dem Gemüse größer. Schließlich bat sie ihren Mann, einige Rapunzeln zu holen. Der Mann erschrak, als er die Worte seiner Frau hörte, denn der Garten gehörte einer mächtigen und gefürchteten Zauberin. Da der Mann seine Frau liebte, wollte er ihr trotzdem den Wunsch erfüllen. Er stieg in der Abenddämmerung über die Gartenmauer und holte eine Handvoll Rapunzeln. Die Frau machte sich daraus einen Salat, der ihr so gut schmeckte, dass sie den Mann am nächsten Tag bat, ihr wieder Rapunzeln zu holen. Er kletterte erneut über die Mauer in den Garten, aber – oh Schreck – dort erwartete ihn schon die Hexe und drohte ihm furchtbare Strafe an. Voller Angst erzählte ihr der Mann, warum er die Rapunzeln gestohlen habe und bat die Hexe, Gnade vor Recht ergehen zu lassen. Die Hexe schien von seinen Worten etwas besänftigt, denn sie bot dem Nachbarn an, nach Belieben Rapunzeln mitzunehmen. Als der Mann schon erleichtert aufatmete, nannte die Zauberin ihre Bedingung: Das neugeborene Kind wird sie dafür bekommen. In seiner Angst sagte der Mann zu. Nach der Geburt des Kindes erschien die Hexe, gab dem Kind den Namen Rapunzel und nahm es mit sich fort.

Die Geschichte geht dann, nach einigen Schwierigkeiten, für Rapunzel gut aus: Sie heiratet einen Königssohn und lebt mit ihm glücklich.

Nach dem Märchen »Rapunzel« aus der Sammlung »Kinder- und Hausmärchen« der Brüder Grimm

Und welche Salatpflanze ließ Rapunzels Mutter alle Vorsicht vergessen? Es war nicht unser Feldsalat, der auch Rapunzel genannt wird, sondern die Rapunzel-Glockenblume. Ihre Blätter und insbesondere ihre Wurzeln hat man in früheren Zeiten als Salat oder Gemüse sehr gern gegessen.

Anders als die Märchenhexe ist Kathinka eine freundliche Hexe und drückt ein Auge zu, wenn ihr einmal ein Hase im Gemüsegarten Salat oder Kohl wegfrisst.

Gemüse und Salat erhalten wir von verschiedenen Pflanzenteilen.

Gemüse und Salat (Beispiele)	Verwendeter Pflanzenteil
Spargel	Stängel
Kohlrabi, Rote Rübe, Fenchel	Verdickte Stängel (Sprossknollen)
Kopfsalat, Feldsalat, Spinat, Weißkraut, Blaukraut	Blätter
Brokkoli, Blumenkohl	Blüten
Tomaten, Paprika, Gurken, Zucchini, Aubergine	Früchte
Erbsen, Bohnen(kerne), Linsen, Mais	Samen
Gelbe Rübe, Rettich, Knollensellerie	Wurzeln

Gemüse und Salat: Kinderschreck oder Genuss?

Gemüse gehört zu den wichtigsten Lebensmitteln. Weißkraut und Gelbe Rüben, Tomaten und Kopfsalat und all die anderen Gemüsearten enthalten viele Mineralien und Vitamine, die fürs Gesundbleiben wichtig sind, dafür aber wenig Kalorien, so dass man sich an diesen pflanzlichen Lebensmitteln nach Herzenslust satt essen kann. Leute, die Gemüse und Salat abwertend als »Grünzeug« bezeichnen, haben nicht richtig hingeschaut. So gilt bei manchen Gerichten mit appetitlich gefärbten Gemüsen und Salaten: »Das Auge isst mit«. Die grünen, gelben, roten oder violetten Farbtöne entstehen durch Pflanzenfarbstoffe. Vor einiger Zeit haben Ernährungsforscher herausgefunden, dass uns diese Farbstoffe gut tun. Ebenso wie manche Duftstoffe, etwa der scharfe Zwiebel- oder Rettichduft, helfen sie, Krankheiten zu verhindern.

Salate entstehen aus rohem oder gekochtem Gemüse, das mit einer Soße »angemacht« wird. Da es viele verschiedene Gemüse, viele verschiedene Gemüsemischungen und viele verschiedene Soßen gibt, sind die Möglichkeiten, sich feine Salate zu bereiten, fast unbegrenzt. Du kannst selbst ein wenig herumprobieren, was dir und anderen schmeckt.

Rainer rät:

- Iss täglich, am besten mehrmals, Gemüse, einen Teil davon auch roh, etwa Blattsalate, Gelbe Rüben, Gurken, Tomaten.
- Richte dich bei der Auswahl möglichst nach der Jahreszeit. Kopfsalat, Tomaten, Paprika und andere Arten stammen im Winter aus fernen Regionen oder aus dem Gewächshaus. In beiden Fällen wird zusätzliche Energie benötigt, entweder um diese Gemüse herbeizuschaffen oder um sie hier zu Lande im beheizten Treibhaus wachsen zu lassen. Besser ist es, in der kalten Jahreszeit öfter beispielsweise Gelbe Rüben, Lauch oder Endiviensalat zu essen.

Rainer rät!

Salate und Salatsoßen

Gemischter Sommersalat

Für 2 Personen
1 Kopfsalat
1 Gurke

1 Tomate
2 EL Einfache Salatsoße (siehe S. 49)

1. Welke äußere Blätter des Kopfsalats entfernen. Übrige Blätter ablösen und gründlich waschen.
2. Salatblätter im Küchensieb gut abtropfen lassen und dann in kleinere Stücke zerrupfen.
3. Gurke waschen, abtrocknen, schälen, in dünne Scheiben schneiden.
4. Tomate waschen, halbieren, Stielansätze herausschneiden. Tomatenhälften in Scheiben schneiden.
5. Gemüse in eine große Schüssel geben und mit der Salatsoße vermischen.

Geräte und Hilfsmittel: Küchensieb, Küchenmesser, Sparschäler, Schneidebrett, Salatschüssel, Esslöffel, Salatbesteck.

Gemischter Wintersalat

Für 4 Personen
1 Endiviensalat
1 Apfel

1 Orange
4 EL Joghurtsoße (siehe S. 49)

1. Endiviensalat der Länge nach vierteln. Strunk abschneiden, äußere welke Blätter entfernen.
2. Die Endiviensalatviertel auf dem Schneidebrett quer in feine Streifen schneiden. Streifen waschen und auf dem Küchensieb gut abtropfen lassen.
3. Apfel waschen, vierteln, schälen, Kerngehäuse entfernen. Apfelviertel auf dem erneut gereinigten Schneidebrett quer in dünne Scheiben schneiden.
4. Orange waschen, schälen, weißliche Haut abziehen. Orange in Schnitze zerteilen. Schnitze quer in dünne Scheiben schneiden.
5. Apfel- und Orangenscheiben zum Endiviensalat geben. Mit Joghurtsoße übergießen und alles gut durchmischen.

Geräte und Hilfsmittel: Küchenmesser, Schneidebrett, Küchensieb, Salatschüssel, Esslöffel, Salatbesteck.

Vampir-Salat

Auch dieser blutrote Salat lässt sich aus Wintergemüse zubereiten.

Für 2 Personen
2 Gelbe Rüben
1 kleine Rote Rübe

1 Apfel
1-2 EL Dip (siehe S. 50)

1. Gelbe Rüben und Rote Rübe waschen, schälen, abtrocknen und auf der Gemüsereibe raspeln.
2. Apfel schälen, in Viertel schneiden, Kerngehäuse entfernen. Apfelstücke auf der Gemüsereibe raspeln.
3. Alles vermischen und Dip unterheben.

Geräte und Hilfsmittel: Sparschäler, Gemüsereibe, Schneidebrett, Küchenmesser, Salatschüssel, Esslöffel, Salatbesteck.

Rainer rät!

Welches Öl passt für Salat und Gemüse?
Ein gutes Öl macht den Salat zum Genuss und bringt das feine Gemüsearoma zur Entfaltung.
Speiseöl wird aus Pflanzen hergestellt. Pflanzenöle sind flüssig, weil sie einen hohen Anteil an sogenannten ungesättigten Fettsäuren haben. Es gibt aber entscheidende Unterschiede zwischen den Speiseölen.
Rainer rät:
- Für das Dünsten von Gemüse eignen sich Öle wie Olivenöl oder Rapsöl, die mehr Hitze aushalten (hitzestabilere Öle). Diese Öle passen auch sehr gut in Salatsoßen.
- Manche Öle vertragen Hitze nicht. Verwende solche hitzeempfindlichen Öle wie Sonnenblumenöl, Distelöl, Kürbiskernöl oder Leinöl am besten nur kalt, also als Salatöl.
- Ein gutes Speiseöl ist nicht billig. Trotzdem sollte man lieber an anderer Stelle sparen, denn ein gutes Öl macht die Speisen gesund und schmackhaft.
- Öle und sonstige Fette haben in unserem Körper wichtige Aufgaben. Ein Zuviel ist aber schädlich. Daher gilt: Nur so viel davon verwenden, wie für ein schmackhaftes Essen nötig ist.

Einfache Salatsoße

Diese Sauce passt zu fast allen Salaten.

3 EL Öl
1 EL Essig

½ TL Salz
nach Belieben: 1 Prise Zucker oder ¼ TL Honig.

1. Die Zutaten in eine Tasse schütten.
2. So lange rühren, bis eine dickflüssige Masse entstanden ist.

Geräte und Hilfsmittel: Esslöffel, Teelöffel, Tasse.

Rainers Tipp:
- Statt Essig kannst du auch Zitronensaft nehmen. Zusätzlich schmeckt manchen Kindern oder Erwachsenen auch ein wenig Senf an der Sauce.

Joghurtsoße

Die Soße passt zu grünen Salaten wie Kopfsalat oder Endiviensalat, aber auch zu sogenannten Rohkostsalaten wie geraspelten Gelben Rüben.

2 EL Öl
4 EL Joghurt
1 Prise Salz

nach Belieben: ¼ TL Honig
1 Bund Schnittlauch

1. Öl, Joghurt, Salz und – falls gewünscht – Honig in eine Tasse schütten.
2. Alles gut verrühren.
3. Schnittlauch waschen, trocken tupfen und in feine Ringe schneiden. Zur Soße geben.

Geräte: Esslöffel, Teelöffel, Tasse, Küchenmesser, Schneidebrett.

Rainers Tipp:
- Du kannst den Schnittlauch auch weglassen und statt dessen ein paar gehackte Walnüsse, süße Mandeln oder Haselnüsse dazugeben (Vorsicht: Manche Personen reagieren auf Haselnüsse allergisch).

Dip

Dieser Dip schmeckt ähnlich wie Majonäse, ist aber nicht so fett. Er passt zu verschiedenen Gemüsen und Salaten, beispielsweise: Blätter von Chicorée, in Längsstreifen geschnittene Gelbe Rüben, Gurkenscheiben, Tomatenscheiben, Fenchelstücke, Stangensellerie.

1 hart gekochtes Ei	1 EL Zitronensaft
4 EL Öl	½ TL Senf
125 g Magerquark	1 Prise Salz

1. Ei schälen, halbieren und Eigelb herausnehmen.
2. Eigelb mit einer Gabel zerdrücken, in den Mixbecher geben.
3. Öl, Quark, Zitronensaft, Senf, Salz zugeben. Mit dem Rührgerät oder dem Schneebesen so lange schlagen, bis eine cremige Masse entstanden ist.

Geräte und Hilfsmittel: Küchenmesser, Esslöffel, Gabel, Teller, Mixbecher, Teelöffel, Handrührgerät oder Schneebesen.

Rainers Tipp

Rainers Tipp:
• Du kannst das Eiweiß in kleine Würfel schneiden und am Schluss dem fertigen Dip zugeben.

Gemüse

Viele Kinder und Erwachsene essen nur wenig Gemüse, weil sie finden, dass es nicht schmeckt oder weil sie fürchten, dass die Zubereitung zu viel Arbeit macht. Du kannst dich überzeugen, dass beides nicht stimmt.

Sind Bio-Gemüse und andere Bio-Lebensmittel wirklich besser?
Bio-Gemüse, Bio-Salat, Bio-Obst entstehen
- ohne Kunstdünger,
- ohne chemische Spritzmittel,
- ohne Gentechnik (siehe dazu S. 29).
Auch Lebensmittel von Tieren wie Milchprodukte (siehe S. 68), Eier (siehe S. 76), Fleisch (siehe S. 84) gibt es in Bio-Qualität.
Die Begriffe „Bio" oder „Öko" sind gesetzlich geschützt und garantieren biologische Herkunft und Verarbeitung der Produkte. Bio-Lebensmittel gibt es beispielsweise auf dem Bio-Bauernhof, im Naturkostladen, im Reformhaus oder auch im Supermarkt. Bio-Siegel auf verpackten Lebensmitteln erleichtern den Einkauf, beispielsweise das abgebildete staatliche Bio-Siegel samt Kontrollstellen-Nummer. Die Bio-Siegel der deutschen Bio-Verbände weisen zum Teil auf noch strengere Vorschriften für Anbau und Verarbeitung hin.
Bio-Lebensmittel sind allerdings meist teurer. Man kann dafür aber an anderen Stellen sparen und trotzdem sehr gut essen.

Rainers Tipp

Rainers Spartipps:
• weniger Fleisch und Wurst essen; • möglichst oft selbst kochen und dabei Grundnahrungsmittel wie Getreide, Kartoffeln und Äpfel verwenden; • auf Fertigprodukte und Fertiggerichte verzichten; • Obst und Gemüse den Jahreszeiten entsprechend auswählen; • weniger Naschereien essen.

Tomatensoße

Für 2 Personen
1 kleine Zwiebel
5 große Tomaten
2 EL Olivenöl

2 Prisen Salz
1 Prise Pfeffer
frische Kräuter wie Petersilie, Basilikum, Schnittlauch

1. Zwiebel schälen und in kleine Würfel schneiden.
2. Tomaten waschen, halbieren, Stielansätze herausschneiden, Tomaten in Würfel schneiden.
3. Olivenöl im Topf erhitzen, Zwiebelwürfel hineingeben und unter Rühren 3 Minuten unter mäßiger Hitze dünsten.
4. Tomaten zugeben und alles 10 Minuten dünsten lassen. Während des Dünstens Deckel auf dem Topf lassen, einige Male umrühren.
5. Kräuter waschen, trocken tupfen, klein schneiden.
6. Tomatensoße mit Salz, Pfeffer und Kräutern abschmecken.

Geräte und Hilfsmittel: Küchenmesser, Schneidebrett, Esslöffel, Kochtopf mit Deckel, Kochlöffel.

Rainers Tipp:
• Die Soße schmeckt gut zu Spaghetti oder anderen Nudeln, aber auch zu Reis, Hirse oder Kartoffeln.
• Wer mag, streut auf seinem Teller noch ein wenig geriebenen Käse über die Soße.

Rainers Tipp

Blumenkohl-Eintopf mit Nudeln

Für 2 Personen
1 kleiner Blumenkohl
150 g Spiralnudeln
150 ml Milch
150 ml Wasser

2 EL Olivenöl
Dillkraut
¼ TL Salz
1 Prise Pfeffer

1. Blumenkohl putzen, in kleine Röschen teilen.
2. Röschen waschen und auf einem Küchensieb abtropfen lassen.
3. Blumenkohl-Röschen mit den Nudeln in einen Topf geben.
4. Milch, Wasser und Olivenöl in der Schüssel vermischen, in den Topf gießen, zum Kochen bringen.
5. Etwa 15 Minuten zugedeckt bei mittlerer Hitze garen lassen, bis die Flüssigkeit cremig eingekocht ist, immer wieder umrühren.
6. Dill waschen, trocken tupfen, fein schneiden.
7. Eintopf mit Salz und Pfeffer würzen, vom Herd nehmen. Dill vorsichtig untermischen.

Geräte und Hilfsmittel: Küchenmesser, Schneidebrett, Küchensieb, Kochtopf mit Deckel, Schüssel, Esslöffel, Kochlöffel.

Sauerkraut-Spätzle

Sauerkraut ist verwandeltes Weißkraut. Die Verwandlung besorgen Milchsäurebakterien, also die winzigen Lebewesen, die auch Milch zu Dickmilch, Joghurt, Quark machen. Die Sauerkraut-Spätzle wärmen an einem kalten Wintertag.

Für 2-3 Personen
150 g Spätzle
1 Prise Salz
1 Zwiebel
1 EL Öl
300 g gemischtes Hackfleisch
300 g Sauerkraut

1 EL Öl
½ Tasse Wasser oder Apfelsaft
1 Apfel
1 Prise Kümmel
¼ TL Salz
nach Belieben: ½ TL Paprikapulver, edelsüß

1. In einem Kochtopf Wasser zum Kochen bringen, Salz zugeben, Spätzle zugeben, umrühren und in der auf der Packung angegebenen Zeit kochen lassen. Auf einem Küchensieb abschütten.
2. Zwiebel schälen, in kleine Würfel schneiden.
3. In einer Pfanne 1 EL Öl erhitzen. Zwiebelwürfel andünsten, Hackfleisch zugeben und unter Rühren, Zerteilen und Wenden bei mäßiger Hitze gut durchbraten.
4. Im Kochtopf 1 EL Öl erhitzen, Sauerkraut zugeben, mit Gabel zerteilen, etwas andünsten. Wasser (oder Apfelsaft) zugeben.
5. Apfel waschen, schälen, vierteln, Kerngehäuse entfernen. Apfelviertel in feine Scheiben schneiden.
6. Apfel und 1 Prise Kümmel zum Sauerkraut geben. Sauerkraut etwa 10 Minuten bei mäßiger Hitze dünsten lassen. Zwischendurch umrühren.
7. Sauerkraut mit Hilfe von 2 Gabeln mit gebratenem Hackfleisch und gekochten Spätzle vermischen. Mit Salz und nach Belieben mit Paprikapulver abschmecken.

Geräte und Hilfsmittel: Kochtopf, Kochlöffel, Küchensieb, Küchenmesser, Schneidebrett, Esslöffel, Bratpfanne, Pfannenwender, 2 Gabeln, Teelöffel.

Bunter Gemüsetopf

Für 2 Personen
2 größere Gelbe Rüben
1 grüne Paprikaschote
1 rote Paprikaschote
1 Fenchelknolle

1 EL Olivenöl
1 TL Honig
½ Tasse Wasser oder Gemüsebrühe
½ TL Paprikapulver, edelsüß
¼ TL Salz

1. Gelbe Rüben waschen, schälen, abtrocknen. Der Länge nach halbieren und in Scheiben schneiden.
2. Paprikaschoten waschen, abtrocknen. Der Länge nach halbieren. Kerngehäuse samt Stiel herausschneiden, ebenso die weißlichen Häutchen. Die Hälften in Streifen schneiden, Streifen quer zu Würfeln schneiden.
3. Fenchelknolle putzen, waschen, abtrocknen. Fenchelgrün abschneiden und fein schneiden. Knolle vierteln. Viertel in feine Scheiben schneiden.
4. Öl in einem Kochtopf erhitzen und die Gelben Rüben darin anbraten.
5. Honig über die Gelben Rüben verteilen und bei geringer Hitze wenige Minuten ziehen lassen.
6. Wasser oder Gemüsebrühe zugeben. Paprika, Fenchel und Paprikapulver hinzufügen.

7. Im geschlossenen Topf 15 Minuten bei mäßiger Hitze dünsten.

8. Topf von der Herdplatte ziehen. Gemüse mit Salz abschmecken, Fenchelgrün darüber streuen.

Geräte und Hilfsmittel: Sparschäler, Küchenmesser, Schneidebrett, Esslöffel, Kochtopf mit Deckel, Kochlöffel, Teelöffel.

Rainers Tipp:

• Dazu empfehle ich Reis, Nudeln oder Pellkartoffeln (siehe Seite 41).

Rainers Tipp

Gemüsepizza

Pizza wird oft mit Hefeteig (siehe S 34) zubereitet. Schneller und einfacher geht es mit einem Quark-Öl-Teig, der ebenfalls gut schmeckt.

Teig	4 EL Öl
300 g Dinkel- oder Weizenmehl	6 EL Wasser
1 Päckchen Backpulver	1 Prise Salz
250 g Magerquark	1 EL Öl zum Einfetten des Backblechs

Soße	1 Prise Salz
600 g Tomaten	1 Prise Pfeffer
1 TL Öl	1 EL Tomatenmark

Belag	15 gefüllte Oliven
300 g Champignons	1 Stange Lauch
2 Tomaten	½ TL Oregano
150 g geriebener Käse	2 Prisen Salz

Teig zubereiten

1. Mehl mit Backpulver vermischen.

2. Quark, Öl, Wasser und Salz zufügen und alles zu einem Teig verkneten.

3. Backblech einfetten.

4. Teig auf dem Backblech verteilen, an den Rändern Teig etwas hochziehen.

Soße zubereiten

1. Tomaten waschen, abtrocknen, halbieren, Stielansätze herausschneiden, in kleine Würfel schneiden.

2. Öl in einem Topf erhitzen, Tomaten zugeben. Etwa 10 Minuten dünsten lassen, dabei öfters umrühren.

3. Mit Salz, Pfeffer und Tomatenmark abschmecken.

Belag zubereiten

1. Von den Champignons das Stielende abschneiden, Champignons kurz waschen, in einem Sieb abtropfen lassen, der Länge nach in Scheiben schneiden.

2. Tomaten waschen, abtrocknen, halbieren, Stielansätze herausschneiden, Tomatenhälften in Scheiben schneiden.

3. Vom Lauch die Wurzeln abschneiden, äußere Blätter entfernen, hinteres Ende abschneiden.

4. Lauchstange putzen, der Länge nach halbieren, Hälften gründlich waschen, in feine Scheiben schneiden.

Pizza fertig stellen

1. Tomatensoße mit einem Esslöffel auf dem Teig verteilen.

2. Auf dem bestrichenen Teig Champignonscheiben, Tomatenscheiben, Lauchscheiben und Oliven verteilen.

3. Belag mit Salz, Pfeffer und Oregano würzen.

4. Im vorgeheizten Backofen bei 180 °C auf zweiter Schiene von unten etwa 45 Minuten backen. Nach 30 Minuten den geriebenen Käse auf der Pizza verteilen.

Geräte und Hilfsmittel: Teigschüssel, Esslöffel, Backblech, Küchenmesser, Schneidebrett, Teelöffel, Kochtopf, Kochlöffel, Küchensieb.

Rainers Tipp:

- Wer mag, gibt einige Schinken- oder Salamiwürfel zum Pizzabelag.
- Beim Gemüse und beim Gewürz kannst du tauschen, beispielsweise Zucchini statt Lauch, Rukola statt Oregano nehmen. Die Oliven können einfach weggelassen werden.
- Auch eine süße Pizza schmeckt gut: Lass die Tomatensoße weg, belege dafür den Teig mit Obst und würze nach Belieben mit Rosinen und einer Honig-Zimt-Mischung oder Honig-Vanille-Mischung.

Anhang: Kräuter-Hexereien

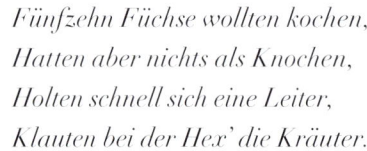

Fünfzehn Füchse wollten kochen,
Hatten aber nichts als Knochen,
Holten schnell sich eine Leiter,
Klauten bei der Hex' die Kräuter.

Weil die Füchse Lärm gemacht,
Ist die Hexe aufgewacht.
Packt den Rainer fix am Fell,
Zieht ihn in das Haus ganz schnell.

Ein Kathinka-Lied

Die erste Strophe gefiel mir sehr gut, die zweite weniger. Kathinka sagte schon am ersten Tag zu mir: »Ich bin eine richtige Kräuterhexe«.

Ich kannte selbstverständlich einige Wildkräuter, die uns Mama gezeigt hatte und die wir manchmal auch aßen, aber von Gartenkräutern hatte ich keine Ahnung. Schon am Tag nach meiner Ankunft führte mich die Hexe hinter ihr Häuschen. Dort lag, von einem Holzzaun umgeben, der Garten. Wir betraten ihn durch ein kleines Tor und sofort fühlte ich mich wie verzaubert. Da war ein Summen und Brummen von Bienen und Hummeln und in meine feine Fuchsnase stiegen wunderbare Düfte. Da gab es grünes, gelbes, rotes und violettes Gemüse, dazwischen leuchteten bunte Blumen. In einer Ecke war das Kräutergärtchen. Kathinka zeigte auf die Kräuter und nannte ihre Namen, außerdem Speisen, zu denen sie besonders gut passen. Sie erzählte mir auch, dass Küchenkräuter helfen, die Gerichte besser zu verdauen und dass die meisten Küchenkräuter auch als Heilkräuter verwendet werden. So gab sie mir, als ich einmal nicht einschlafen konnte, einen Lavendeltee zu trinken und als mich Halsweh plagte, musste ich mit Salbeitee gurgeln.

Einige wichtige Küchenkräuter habe ich für dich zusammengestellt.

Küchenkraut	Passt insbesondere zu
Basilikum	Tomaten, Salaten
Bohnenkraut	Erbsen, Bohnen, Linsen, Kartoffeln
Borretsch	Gurken, Salaten, Quark
Dill	Gurken, Fisch, Gemüse
Kerbel	Suppen, Fisch
Kresse	Quark, Salaten
Lavendel	Äpfeln, Süßspeisen, Nachtisch
Majoran	Kartoffeln, Schweinebraten
Oregano	Pizza, Lamm
Petersilie	Fleisch, Suppen, Gemüse
Rosmarin	Tomatensoße, Huhn
Salbei	Kartoffeln, Käse, Fisch
Schnittlauch	Suppen, Quark, Salaten, Eiern

Rainer rät:
- Küchenkräuter haben starke Inhaltsstoffe. Daher sollten Erwachsene und insbesondere Kinder sie nicht im Übermaß verwenden.

Selbst ziehen auf der Fensterbank: Kresse

Man braucht keinen Garten, um sich einen Vorrat frischer Küchenkräuter für die Hexenküche zu halten. Kräuter kann man beim Gärtner in Töpfen kaufen, und manche dieser Kräuter fühlen sich auch auf der Fensterbank wohl. Dort kannst du einige Kräuter sogar selbst ziehen und dabei die Verwandlung vom Samenkorn zur Pflanze erleben. Kresse lässt sich besonders einfach ziehen – auch im Winter. Du brauchst dafür keine besonderen Geräte oder Gefäße, auch keine Erde, sondern nur:

1 Tütchen Kressesamen (Gartenkresse)
1 Suppenteller
Küchenpapier

kleine Gießkanne
Klarsichtfolie
Schere, Löffel

1. Lege den Teller mit einer dickeren Lage Küchenpapier aus.
2. Gieße vorsichtig Wasser auf das Papier, sodass es gut feucht ist.
3. Streue die Samen einigermaßen gleichmäßig auf dem Papier aus.
4. Drücke die Samen, etwa mit einem Löffelrücken, leicht an und begieße sie nochmals vorsichtig.
5. Decke das Gefäß mit Klarsichtfolie ab. Schneide einige Schlitze in die Folie.

6. Stelle den Teller an einem warmen, hellen Platz (nicht in der Sonne) auf.

7. Halte Papier und Samen stets feucht.

8. Entferne die Abdeckung, sobald (nach wenigen Tagen) die Samen zu keimen beginnen. Halte aber weiterhin die Keimlinge feucht.

9. Wenn die Pflänzchen etwa 5 cm hoch sind, kannst du sie mit einer Küchenschere abschneiden.

Selbst ziehen auf der Fensterbank: Basilikum

Basilikum ist ein Gewächs, das viel Wärme braucht. Es ist ja aus dem warmen Süden zu uns gekommen. Deshalb kann man es gut auch auf der Fensterbank ziehen und halten. Du brauchst dazu:

1 Päckchen Basilikumsamen

Topf oder Schale aus Ton mit Abzugsloch im Boden

Tonscherben oder Steine zum Abdecken des Abzugslochs

Pflanzerde oder Anzuchterde

kleine Gießkanne

Klarsichtfolie, Schere, Esslöffel

1. Decke das Abzugsloch ab und fülle das Anzuchtgefäß bis knapp unter den Rand mit Erde. Stoße das Gefäß kurz auf dem Tisch auf, glätte die Erde und drücke sie an den Rändern etwas an.

2. Säe die Samen dünn und gleichmäßig aus. Drücke sie mit dem Rücken eines Esslöffels leicht an.

3. Bedecke die Samen mit ganz wenig Erde. Basilikum ist nämlich ein so genannter Lichtkeimer. Petersilie zum Beispiel ist ein Dunkelkeimer, dessen Samen mit einer Erdschicht bedeckt werden müssen, die 3-4-mal so dick wie die Samenkörner ist.

4. Gieße die Samen ganz vorsichtig, aber gründlich an.

5. Decke das Gefäß mit Klarsichtfolie ab. Schneide einige Schlitze in die Folie.

6. Stelle das Gefäß an einen hellen und warmen Platz, aber nicht in die pralle Sonne.

7. Halte die Samen stets feucht, aber nicht nass.

8. Entferne die Abdeckung, sobald die Samen zu keimen beginnen.

9. Wenn die Pflanzen etwa 10 Zentimeter hoch sind und schöne grüne Blätter entwickelt haben, kannst du mit der Ernte beginnen.

Rainers Tipp

Rainers Tipp:

• Auch Gartenkerbel ist für die Anzucht auf der Fensterbank gut geeignet.

Tomatensalat mit Mozzarella und Basilikum

Für 4 Personen

1 kg reife Tomaten

1 Päckchen Mozzarella

einige Basilikumblätter

3 EL Olivenöl

½ EL Weinessig oder Balsamessig

¼ TL Salz

1 Prise Zucker

1 Prise Pfeffer

1. Tomaten waschen, abtrocknen, halbieren. Stielansätze herausschneiden, Tomatenhälften in Scheiben schneiden.

2. Mozzarella halbieren, Hälften in Scheiben schneiden.

3. Basilikum waschen, trocken tupfen, klein schneiden.

4. Aus Olivenöl, Weinessig, Salz, Zucker, Pfeffer eine Salatsoße rühren.
5. Tomatenscheiben auf einer Platte anrichten. Über und zwischen die Scheiben jeweils etwas Soße träufeln. Basilikum über dem Salat verteilen.

Geräte und Hilfsmittel: Schneidebrett, Küchenmesser, Esslöffel, Teelöffel, Mixbecher, Platte.

Kräutersuppe

Für 4 Personen
1 Zwiebel
2 EL Butter
4 EL Mehl
1 l Wasser
½ l Milch

2 Handvoll frische Kräuter
(etwa Basilikum, Dill, Kerbel, Kresse, Petersilie, Schnittlauch)
5 EL saure Sahne
¼ TL Salz
1 Prise Pfeffer

1. Wasser und Milch vermischen.
2. Zwiebel schälen und in feine Würfel schneiden.
3. Butter bei mäßiger Hitze schmelzen lassen und Zwiebel darin glasig dünsten.
4. Mehl darüber stauben. Unter ständigem Rühren mit dem Schneebesen mit der Flüssigkeit aufgießen.
5. Suppe zugedeckt bei schwacher Hitze etwa 15 Minuten köcheln lassen.
6. Grobe Stängel der Kräuter entfernen. Kräuter waschen, trocken tupfen, fein schneiden oder mit Wiegemesser wiegen.
7. Kräuter zur Suppe geben.
8. Suppe von der Herdplatte ziehen und mit saurer Sahne, Salz und Pfeffer würzen.

Geräte und Hilfsmittel: Schneidebrett, Küchenmesser, Esslöffel, Kochtopf, Kochlöffel, Schneebesen, Wiegemesser, Teelöffel.

Kräuteromelette

Omelette (sprich: Omlett) stammt aus dem Französischen. Gemeint damit ist ein Pfannkuchen, der ohne Mehl, dafür mit mehr Eiern hergestellt wird.

Für 2 Personen
400 g Kartoffeln
3 EL Öl
2 Tomaten
1 Prise Salz
4 Eier

2 EL Milch
2 Prisen Salz
1 Prise Pfeffer
1 Bund Schnittlauch
1 Bund Petersilie
nach Belieben: geriebener Käse

1. Kartoffeln waschen, schälen, abtrocknen. Kartoffeln in Viertel schneiden (zunächst halbieren, dann die Hälften nochmals durchschneiden). Danach Kartoffelviertel in dünne Scheiben schneiden.
2. Öl erhitzen. Kartoffelscheiben bei mäßiger Hitze unter ständigem Wenden 10 Minuten braten.
3. Tomaten waschen, abtrocknen, in kleine Würfel schneiden, zu den Kartoffeln geben, mit 1 Prise Salz würzen.

4. Eier einzeln in einer Tasse aufschlagen, dann in den Mixbecher geben.
5. Eier, Milch, 2 Prisen Salz und 1 Prise Pfeffer im Mixbecher sorgfältig verrühren.
6. Schnittlauch waschen, trocken tupfen, in feine Ringe schneiden.
7. Petersilienblättchen von den Stängeln zupfen, waschen, trocken tupfen, fein zerschneiden.
8. Den größten Teil des Schnittlauchs und der Petersilie in die Eiermilch rühren.
9. Mischung über die Kartoffeln gießen und zugedeckt bei geringer Hitze etwa 5 Minuten stocken lassen. Das Gericht ist fertig, wenn sich die Eiermilch in eine feste Masse verwandelt hat.
10. Pfanne von der Herdplatte ziehen. Omelett halbieren, auf Teller verteilen und mit den restlichen Kräutern, nach Belieben auch mit geriebenem Käse, bestreuen.

Geräte und Hilfsmittel: Kartoffelschäler, Schneidebrett, Küchenmesser, Esslöffel, große Bratpfanne mit Deckel, Pfannenwender, Tasse, Mixbecher, Schneebesen.

Rainers Tipp

Rainers Tipp:
• Ich empfehle dazu grünen Salat oder gemischten Salat.

SÜSSE
GENÜSSE:
FRÜCHTE
UND NÜSSE

Himbeer'n und Trauben,
Zwetschgen aufklauben.
Kirschen und Aprikosen,
Mandeln zerstoßen.
Brombeer'n und Apfelschnitz,
Kuchen rein in die Hitz!
Pfirsich- und Erdbeerkrem,
Das musst du sehn.
Birnen und Haselnusskern
Essen Kinder und Füchse gern.

Ein Rainer-Lied

Ähnlich wie Gemüse ist auch Obst ein Sammelbegriff.
Man versteht darunter essbare Früchte oder Samen, die
meist auch roh genossen werden können.
Samenobst wie Haselnüsse oder Walnüsse enthält viel
pflanzliches Fett. In Obst aus Früchten, etwa in Kirschen
oder Äpfeln, stecken viel Wasser und Fruchtzucker, dazu
kommen Fruchtsäuren. Es schmeckt daher meist säuer-
lich, aber zugleich auch süß.

Obst – woher nehmen?

Obst ist wie Gemüse und Salat reich an Vitaminen, Mineralstoffen und Pflanzenfarbstoffen, die Kindern und
Erwachsenen gut tun.
An der Obsttheke finden wir manchmal mehr Obstsorten aus fernen tropischen Regionen als solche aus unserer
Umgebung. Zitronen, Orangen, Bananen, Ananas oder Kiwis gehören inzwischen zu unseren geschätzten
Lebensmitteln und du darfst sie selbstverständlich auch weiterhin als etwas Besonderes genießen, aber vielleicht
überlegst du einmal: Auch hier zu Lande wachsen viele köstliche Früchte und es gibt so viele Obstsorten, dass
bestimmt für jeden Geschmack etwas dabei ist.

Rainer rät:

Rainer rät!

- Für die Fitness sollten wir jeden Tag Obst essen.
- Wir schonen Natur und Umwelt, wenn wir mehr Obst essen, das in unserer Nähe gewachsen ist und deshalb
  nicht so weit transportiert werden muss. Kurze Wege sorgen auch für mehr Frische und Geschmack.
- Beim Obsteinkauf sollten wir uns wie bei Gemüse nach der Jahreszeit richten – etwa dann Erdbeeren kaufen
  und essen, wenn hier bei uns die Erdbeeren reif sind.
- Bio-Obst hat wie Bio-Gemüse oder andere Bio-Lebensmittel (siehe S. 50) wichtige Vorteile.

Obstart	Beispiele
Kernobst	Äpfel, Birnen.
Steinobst	Kirschen, Pfirsiche, Aprikosen, Zwetschgen.
Beerenobst	Brombeeren, Johannisbeeren, Himbeeren, Erdbeeren, Heidelbeeren, Bananen, Weintrauben. Ganz besondere Beeren sind die Zitrusfrüchte wie Zitronen, Orangen oder Mandarinen.
Samenobst	Haselnüsse, Walnüsse, Mandeln.

Rohes Obst

Kopfsalat mit Erdbeeren

Für 4 Personen
1 großer Kopfsalat
1 Schale Kresse (siehe S. 55)
300 g Erdbeeren

2 EL Zitronensaft
3 EL Olivenöl
3 Prisen Salz
½ TL Senf

1. Vom Kopfsalat äußere welke Blätter entfernen. Übrige Blätter ablösen und waschen.
2. Salatblätter im Küchensieb gut abtropfen lassen und dann in kleinere Stücke zerrupfen.
3. Kresse mit der Schere abschneiden.
4. Zitronensaft, Olivenöl, Salz und Senf in einer Tasse rühren, bis eine cremige Soße entstanden ist.
5. Erdbeeren waschen, trocken tupfen, Sielansätze entfernen. Früchte halbieren oder vierteln.
6. Salatblätter, Kresse und Erdbeeren in Schichten in eine Salatschüssel legen. Mit der Soße übergießen.

Geräte und Hilfsmittel: Küchenmesser, Küchensieb, Küchenschere, Esslöffel, Tasse, Schneidebrett, Salatschüssel.

Rainer rät:
• Wenn du die Kresse nicht selbst gezogen, sondern im Laden gekauft hast, solltest du sie nach dem Abschneiden waschen.

Rainer rät!

Schneewittchen-Reis

Im Märchen wünschte sich die Königin ein Kind: so weiß wie Schnee, so rot wie Blut und so schwarzhaarig wie Ebenholz. Als ihr Wunsch in Erfüllung ging, nannte sie das Mädchen Schneewittchen. Bei diesem Rezept sorgen der Reis für Weiß, die Himbeeren für Rot und die Schokolade für Schwarz bzw. Dunkelbraun.

Für 4 Personen
250 g Milchreis
1 l Milch
1 Prise Salz

2-3 TL Honig
½ Vanillestange (der Länge nach halbiert)
300 g Himbeeren (frisch oder tiefgefroren)
25 g möglichst dunkle Schokolade

1. Milch, Salz und Vanillemark (mit einem Teelöffel aus der halben Vanillestange gekratzt) zum Kochen bringen.
2. Reis einstreuen, bei geringer Hitze in etwa 45 Minuten gar ziehen lassen.
3. Himbeeren verlesen, waschen, abtropfen lassen. Tiefgefrorene Himbeeren einige Stunden vorher in einem Küchensieb auftauen und abtropfen lassen.
4. Himbeeren in einer Schüssel oder im Mixbecher mit dem Pürierstab zu Soße rühren.
5. Lauwarmen Milchreis mit Honig abschmecken. Auf Tellern anrichten und die Himbeersoße darüber geben.
6. Mit der Gemüsereibe jeweils Schokoladenraspel über den Reis geben.

Geräte und Hilfsmittel: Küchensieb, Kochtopf, Teelöffel, Schüssel oder Mixbecher, Pürierstab, Teller, Gemüsereibe.

Rainers Tipp:
- Honig sollte möglichst nicht über 40 °C erhitzt werden, weil sonst wertvolle Inhaltsstoffe verloren gehen. Süße den Milchreis daher erst, wenn er nicht mehr heiß ist.

Obstsalat »Orient«

In den orientalischen Märchen spielen Düfte eine wichtige Rolle. Aus verschiedenen Zutaten kannst du ein wunderbares Duftgemisch komponieren, das noch dazu köstlich schmeckt.

Für 4 Personen
2 Äpfel
1 Birne
2 Bananen
2 Orangen

nach Belieben und nach Jahreszeit: Weintrauben, Himbeeren, Erdbeeren
½ Vanillestange (der Länge nach halbiert)
1 EL süße Mandelblättchen
1 EL flüssiger Honig oder Ahornsirup

1. Äpfel und Birne waschen, abtrocknen, schälen, vierteln, Kerngehäuse herausschneiden. Äpfel und Birne in dünne Scheiben schneiden.
2. Bananen schälen, Orangen schälen. Hände waschen, Orangen in einzelne Schnitze teilen. Bananen und Orangenschnitze in dünne Scheiben schneiden.
3. Beerenobst waschen, auf einem Küchensieb abtropfen lassen und falls nötig halbieren.
4. Mit einem Teelöffel das Mark aus der halben Vanillestange kratzen. Obst mit Honig und Vanillemark vermischen.
5. Obstsalat mindestens eine Stunde zugedeckt und kühl durchziehen lassen. Vor dem Servieren mit Mandelblättchen bestreuen.

Geräte und Hilfsmittel: Küchenmesser, Schneidebrett, Küchensieb, Schüssel, Esslöffel, Teelöffel.

Rainers Tipp:
- Versuche dazu Zimt-Sahne: ½ Becher süße Sahne in einen Mixbecher schütten. ½ TL Zimt (am besten Ceylon-Zimt, der weniger Cumarin enthält) zugeben und mit der Sahne vermischen. Zimt-Sahne nicht ganz steif schlagen.

Gegartes Obst

Apfelkompott

Nimm für dieses Rezept, ebenso wie für das nächste, möglichst heimische Äpfel.

Für 3-4 Personen	2 EL Honig
500 g Äpfel	nach Belieben:
2 EL Wasser	1 Messerspitze Bourbon-Vanillepulver

1. Äpfel waschen, abtrocknen, schälen, vierteln, Kerngehäuse entfernen, in Scheiben schneiden.
2. Äpfel mit Wasser bei geringer Hitze etwa 10 Minuten dünsten, bis sie zerfallen.
3. Topf von der Herdplatte ziehen. Kompott etwas auskühlen lassen, dann Vanillepulver und Honig unterrühren.

Geräte und Hilfsmittel: Küchenmesser, Schneidebrett, Kochtopf, Esslöffel.

Rainers Tipp:
- Apfelkompott passt zu Pfannkuchen (siehe S. 80) oder Grießbrei (siehe S. 32).
- Auch einen guten Nachtisch kannst du daraus machen: Serviere das Kompott mit Pudding, etwa dem Schokola_den-Nuss-Pudding (siehe S. 71), mit Joghurt oder nur mit einem Klecks Schlagsahne garniert.

Bratäpfel

Für 4 Personen	¼ TL Zimt
Äpfel	1 TL Butter
4 Äpfel	
50 g Rosinen	Vanillesoße
50 g gemahlene Walnüsse oder süße Mandeln oder Hasel-nüsse	½ l Milch
	2 EL Speisestärke
2 TL flüssiger Honig	2 TL Vanillezucker

Äpfel zubereiten
1. Äpfel gründlich waschen und abtrocknen. Wenn du unbehandelte Äpfel zur Verfügung hast, kannst du die Schale dran lassen, sonst solltest du die Äpfel schälen.

2. Äpfel auf das Schneidebrett legen. Mit dem Apfelausstecher das Kerngehäuse herausstechen.

3. Nüsse oder Mandeln, Rosinen, Honig und Zimt in der Schüssel mischen.

4. Mischung in die Höhlung der Äpfel füllen und etwas festdrücken.

5. Auf die Fülle jeweils etwas Butter geben.

6. Auflaufform mit etwas Butter ausstreichen und Äpfel in die Form setzen.

7. Äpfel im vorgeheizten Backofen bei 190 °C auf der 2. Schiene von unten etwa 30 Minuten backen.

Vanillesoße zubereiten

1. Speisestärke mit 6 EL Milch (vom ½ l wegnehmen) in einer Tasse anrühren.

2. Restliche Milch mit dem Vanillezucker zum Kochen bringen.

3. Topf von der Herdplatte ziehen und Milch-Stärke-Mischung mit dem Schneebesen einrühren.

4. Soße unter Rühren etwa 1 Minuten kochen lassen. Soße über die Bratäpfel verteilen.

Geräte und Hilfsmittel: Küchenmesser, Schneidebrett, Apfelausstecher, Teelöffel, Schüssel, Auflaufform, Tasse, Esslöffel, Kochtopf, Schneebesen.

Rainer warnt:
• Die kochende Vanillesoße kann spritzen. Daher Abstand halten!

Aprikosenmark

Für 4 Personen
400 g reife Aprikosen
2 EL Zucker

3 EL Wasser
einige Melissenblätter

1. Aprikosen waschen, abtrocknen, halbieren, Stein entfernen. Aprikosen in Stücke schneiden.

2. Früchte mit Zucker und Wasser in einem Topf zugedeckt bei schwacher Hitze etwa 10 Minuten kochen, zwischendurch umrühren.

3. Aprikosenmasse durch ein Küchensieb in eine Schüssel streichen und abkühlen lassen.

4. Melissenblätter waschen, trocken tupfen, in feine Streifen schneiden und unter das Aprikosenmark rühren. Einige Streifen zurückbehalten und damit Mark verzieren.

Geräte und Hilfsmittel: Küchenmesser, Schneidebrett, Kochtopf, Esslöffel, Kochlöffel, Küchensieb, Schüssel.

Rainers Tipp:
• Dazu schmeckt Joghurt oder Quark, Vanille-, Mandel- oder Nusspudding, auch Grießbrei (siehe S. 32).
• Falls du keine Melisse magst oder sie nicht auftreibst, kannst du sie auch ohne weiteres weglassen.

Zwetschgen-Knödel

Für 3 Personen
1 kg am Vortag gekochte Kartoffeln
(siehe Pellkartoffeln S. 41)
50 g Mehl
1 Ei

1 Prise Salz
Zwetschgen (oder Aprikosen oder Kirschen)
¼ TL Salz
50 g Zucker
½ TL Zimt

1. Zwetschgen oder andere Früchte waschen, abtrocknen, aufschneiden und jeweils Stein entfernen.
2. Kartoffeln schälen. Mit einer Gabel zerdrücken.
3. In einer Schüssel Kartoffelmasse mit Ei, Mehl und 1 Prise Salz zu einem geschmeidigen und formbaren Teig verkneten. Sollte der Teig zu weich sein, etwas mehr Mehl zugeben.
4. Mit einem Esslöffel Teigstücke abstechen. Teigstück auseinander ziehen und in die Mitte Zwetschge, Aprikose oder 2 Kirschen legen.
5. Knödel sorgfältig verschließen. Die Früchte müssen vollständig von Teig umhüllt sein.
6. Wasser mit ¼ TL Salz zum Kochen bringen. Knödel hineinlegen. Wasser erneut zum Kochen bringen, dann auf geringe Hitze zurückschalten. Deckel auf den Topf setzen.
7. Die Knödel im Wasser ziehen lassen, bis sie nach ungefähr 10 Minuten an die Oberfläche steigen.
8. Zucker und Zimt in einer kleinen Schüssel vermischen.
9. Knödel mit dem Schaumlöffel aus dem Wasser nehmen.
10. Zucker-Zimt-Mischung zu den Knödeln reichen.

Geräte und Hilfsmittel: Küchenmesser, Schneidebrett, Gabel, Teller, Schüssel, Esslöffel, Kochtopf mit Deckel, Teelöffel, kleine Schüssel, Schaumlöffel.

Rainers Tipp:
- Du kannst auch eingefrorene Früchte verwenden. Lasse sie in einem Sieb über einer Schüssel etwas antauen, so dass Wasser abtropft.
- Auch Trockenzwetschgen (ohne Stein) sind geeignet. Weiche sie vor der Weiterverarbeitung einige Stunden in Wasser ein und trockne sie dann sorgfältig ab.
- Was auch gut schmeckt: Zucker-Zimt-Mischung in eine Reine geben und im Backrohr etwas erhitzen, dann die fertigen Knödel darin wälzen oder: Semmelbrösel und Butter in eine Reine geben, etwas erhitzen und fertige Knödel darin wälzen.
- Noch würziger als weißer Zucker schmeckt brauner Zucker.

Nusskuchen »Nagezahn«

Im Winter füttert Kathinka manchmal ein Eichhörnchen mit Walnüssen oder Haselnüssen. Sie hat es Nagezahn genannt, denn mit seinen langen Nagezähnen öffnet es schnell und geschickt die Nüsse und holt die Samen heraus. Kathinka erzählte mir, dass Eichhörnchen vor Jahrhunderten wegen ihres rötlichen oder schwarzen Fells als Teufels- und Hexentiere galten und deshalb manchmal verfolgt und getötet wurden. Das wünsche ich unserem Nagezahn nicht (obwohl ich ihn manchmal schon gern fangen würde).

1 ½ Tassen Kirschen
125 g Butter
100 g Zucker
2 Eier
60 g Mehl

65 g Speisestärke
75 g gemahlene Haselnüsse
(bei Haselnuss-Allergie Mandeln verwenden)
3 glatt gestrichene TL Kakao
Butter zum Ausstreichen der Form

1. Kirschen waschen, auf einem Küchensieb abtropfen lassen, abtrocknen.
2. Kirschen entsteinen (siehe S. 94 unter „Obst entsteinen").
3. Weiche Butter mit dem Zucker verrühren.
4. Ein Ei in einer Tasse aufschlagen, zugeben, weiterrühren.
5. Zweites Ei in der Tasse aufschlagen, zugeben und so lange rühren, bis eine cremige Masse entstanden ist.
6. Mehl, Speisestärke, Kakao und Nüsse zunächst in einer Schüssel vermischen, dann mit dem Kochlöffel unter die Creme ziehen.
7. Kastenform ausstreichen. Boden der Form mit dem Obst bedecken. Teig darüber schütten, Teigoberfläche glatt streichen.
8. Im vorgeheizten Backofen auf unterster Schiene bei 180 °C etwa eine Stunde backen. Falls der Kuchen oben zu dunkel wird, in der letzten Viertelstunde der Backzeit mit Backpapier oder Alufolie abdecken.

Geräte und Hilfsmittel: Tasse, Küchensieb, Küchenmesser, Schneidebrett, Tasse, Rührschüssel, Handrührgerät, Schüssel, Esslöffel, Teelöffel, Kochlöffel, Kastenform.

Rainers Tipp:
- Außerhalb der Kirschenzeit kannst Du auch gewaschene, abgetrocknete, geschälte und in Scheiben geschnittene Äpfel oder Birnen verwenden.

Die übergossene Alm

»Hochkönig« heißt ein fast 3000 Meter hoher Gebirgsstock in den Salzburger Alpen. Ihn krönt ein ausgedehnter Gletscher, die »Übergossene Alm«. Eine Sage erzählt, wie der Gletscher entstanden ist:

In alter Zeit gab es dort oben Wiesen mit saftigem Gras und duftenden Kräutern. Die Töchter reicher Bauern betreuten als Sennerinnen große Kuhherden. Es gab Milch im Überfluss, die Bauern wurden immer reicher und die Sennerinnen immer hochmütiger und übermütiger. Sie lebten in Saus und Braus, badeten in Milch, pflasterten den Weg zu ihren Hütten mit Käselaiben oder formten Butterkugeln, mit denen sie sich im Spiel bewarfen.

Eines Tages kam ein erschöpfter und hungriger Wanderer auf die Alm und bat in einer der Hütten um Nahrung und Nachtquartier. Mit den Worten »Der Teufel soll dich bewirten«, wiesen ihn die Mädchen lachend ab. Kaum hatte sich der müde Wanderer einige Schritte von der Hütte weggeschleppt, da erhob sich ein furchtbares Unwetter. Ein heftiger Sturmwind begann zu wehen und ungeheure Schneemassen fielen vom Himmel. Sie begruben die grünen Wiesen samt den Almhütten und den Sennerinnen unter sich. Eis und Schnee bedecken seither auch im Sommer die Hochfläche.

Eine Sage aus dem Salzburger Land

Diese gruselige Sage hat mir Kathinkas kohlrabenschwarze Hexen-Katze Minka erzählt. Minka konnte mich zunächst nicht leiden und hat mir gleich am ersten Tag mit ihren scharfen Krallen einen Kratzer über die Nase gezogen. Bald wurden wir aber gute Freunde. Die Katze hat mir auch Wichtiges zum Thema Milch verraten.

Was Minka über Milch weiß

Muttermilch ist die erste Nahrung des Menschen und vieler Tiere, etwa auch von Katzen und Füchsen. Tiere, deren Kinder in der ersten Lebenszeit Milch von der Mutter saugen, werden als Säugetiere bezeichnet. Ähnlich wie Wasser wird Milch beim Erhitzen gasförmig und gefriert bei tiefen Temperaturen.

Milch und die daraus hergestellten Produkte (Milchprodukte) sind wichtige Bestandteile der Nahrung des Menschen. Sie enthalten hochwertiges Eiweiß und viele Vitamine und Mineralstoffe. Allerdings sind sie auch reich an tierischen Fetten.

Milch kommt bei uns meist von Kühen, in manchen Ländern trinkt man Ziegen- oder Schafsmilch. Es gibt auch Gegenden auf unserer Erde, in denen der Genuss von Milch nicht üblich ist.

Minka rät:
- Milch oder Milchprodukte solltest du täglich essen oder trinken. Wenn du eine Milchallergie hast, musst du allerdings darauf verzichten.
- Insbesondere auch mit Hilfe von Milchsäurebakterien (siehe S. 72) hergestellte Milchprodukte wie Joghurt, Quark, Kefir, Buttermilch oder Dickmilch tun gut und schmecken gut.
- Wer Milch und Milchprodukte mit geringerem Fettgehalt (beispielsweise Magerquark) bevorzugt, beugt Übergewicht vor.
- Milch und Milchprodukte sind tierische Nahrungsmittel. Diese sollten nicht im Übermaß genossen werden.
- Bio-Milchprodukte stammen von artgerecht gehaltenen Tieren (siehe dazu auch S. 85).

Milchfett-Hexereien

Schlagsahne

Milch besteht aus Wasser, in dem ganz kleine Fetttröpfchen schwimmen. Rahm oder süße Sahne mit einem hohen Fettanteil setzt sich an der Oberfläche von frisch gemolkener Milch ab, wenn diese eine Zeitlang steht.

50 ml süße Sahne
½ TL Vanillezucker

1. Sahne und Vanillezucker in einen Mixbecher schütten.
2. Mit dem Handrührgerät so lange rühren, bis steife Schlagsahne entstanden ist.

Geräte und Hilfsmittel: Mixbecher, Handrührgerät.

Rainer rät:
• Schlagsahne besteht aus Fett. Genieße sie daher nur selten und in geringen Mengen – einfach als etwas Besonderes.

Butter

70 ml süße Sahne

1. Sahne in das Glas schütten.
2. Das zugeschraubte Glas so lange schütteln, bis ein Klumpen entsteht. Weiterschütteln, bis sich die Schlagsahne in Butter und Buttermilch trennt
3. Die Butter eignet sich als Brotaufstrich, die Buttermilch zum Trinken.

Geräte und Hilfsmittel: Schraubdeckelglas (ca. 150 ml Fassungsvermögen).

Butter – ein gesundes Fett?
Butter wird aus Milch hergestellt. Sie ist ein hochwertiges und gesundes Fett. Trotzdem sollte man sie wie alle Fette, und insbesondere die tierischen Fette, mit Bedacht verwenden. Ein Übermaß an tierischen Fetten kann zu Übergewicht beitragen und das Entstehen von Krankheiten fördern.
Rainer rät:
• Wenn du dir ein Wurst-, Schinken- oder Käsebrot zubereitest, brauchst du nicht unbedingt eine Butterunterlage.
• Butter eignet sich auch gut zum Kochen, man sollte sie jedoch für diesen Zweck nicht zu häufig verwenden.
• Als Bratfett ist Butter wenig geeignet, da sie bei höheren Temperaturen verbrennt, wodurch schädliche Stoffe entstehen.
• Hinweise zur Auswahl des geeigneten Fetts fürs Kochen und Braten gibt es auf Seite 86 und des passenden Speiseöls für Salat und Gemüse auf Seite 48.

Milch-Mischgetränke

Aus Milch lassen sich feine Mischgetränke zubereiten. Diese ersetzen keinesfalls die Wassermenge, die du trinken sollst, sondern sind etwas Besonderes zum Erfrischen und Genießen.
Milch ist ein Nahrungsmittel, kein Durstlöscher.

Bananenmilch

Für 2-3 Personen
1-2 Bananen (sehr reif)
2 EL Honig

nach Belieben: 1 Messerspitze Bourbon-Vanillepulver
½ l Milch
einige Rippen Milchschokolade (oder Schokoladenpulver)

1. Banane(n) schälen, Hände waschen.
2. Banane(n) mit einer Gabel sorgfältig zerdrücken.
3. Masse in den Mixbecher geben. Honig und Vanillepulver zugeben.
4. Mit Milch aufgießen. Masse mit Schneebesen oder Handrührgerät schlagen. Im Becher einige Minuten schütteln.
5. Milch in Gläser füllen.
6. Schokolade auf der Gemüsereibe raspeln.
7. Schokoladenraspel oder Schokoladepulver auf die Milch streuen.

Geräte und Hilfsmittel: Gabel, Teller, Mixbecher, Esslöffel, Schneebesen, Messer, Trinkgläser, Gemüsereibe.

Trink-Schokolade

Kakao wurde vor über 300 Jahren aus Mittelamerika nach Europa gebracht. Man genoss ihn lange Zeit nur als Trink-Schokolade, denn die feste Ess-Schokolade wurde erstmals vor rund 150 Jahren hergestellt.

Für 2-3 Personen
½ Tafel dunkle Schokolade
300 ml Milch

½ TL Vanillezucker
1 Messerspitze Zimt
50 ml süße Sahne

1. Schokolade in Rippen brechen.
2. Milch in den Kochtopf schütten, Vanillezucker zugeben. Schokolade mit dem Vanillezucker unter Rühren langsam erwärmen und schmelzen lassen.
3. Sahne in den Mixbecher schütten.
4. Sahne mit dem Zimt verrühren und mit dem Handrührgerät steif schlagen.
5. Schokoladen-Milch kurz aufkochen lassen, von der Herdplatte ziehen.
6. Trink-Schokolade mit dem Schneebesen schaumig rühren, dann bildet sich keine Haut.
7. Die Schokolade in Tassen oder Becher gießen und mit der Schlagsahne garnieren.

Geräte und Hilfsmittel: Kochtopf, Teelöffel, Kochlöffel, Mixbecher, Handrührgerät, Messer, Schneebesen.

Pudding

Durch Verdickungsmittel wie Mehl, Kartoffelmehl oder Grieß kannst du erhitzte Milch in eine feste Masse verwandeln. Zusammen mit Geschmacks-Zutaten wie Zucker, Kakao, Vanille oder Schokolade entsteht Pudding. Es gibt Puddingpulver zu kaufen; ich mische es mir gern selbst.

Unser Pudding hieß früher »Flammeri«. Unter »Pudding« verstand man ursprünglich eine Masse aus verschiedenen salzigen oder süßen Zutaten, die in eine verschließbare Form gefüllt und im Wasserbad gekocht wurde.

Schokoladen-Nuss-Pudding

Für 2 Personen
3 schwach gehäufte EL Speisestärke
1 EL Kakaopulver
1 Messerspitze Zimt

2 EL Zucker
½ l Milch
3 EL gemahlene Haselnüsse

1. Speisestärke, Kakao, Zimt und Zucker in einer Tasse miteinander vermischen.
2. Mischung mit 6 EL der Milch glatt verrühren.
3. Restliche Milch in einem Topf zum Kochen bringen. Topf von der Herdplatte ziehen und die Stärkemischung mit dem Schneebesen einrühren.
4. Topf wieder auf die Herdplatte stellen. Puddingmasse unter Rühren mit dem Schneebesen 1 Minute köcheln lassen.
5. Topf von der Herdplatte ziehen, Haselnüsse unterrühren. Pudding etwas abkühlen lassen.
6. Puddingform mit kaltem Wasser ausspülen. Puddingmasse hineinfüllen und einige Stunden kühl stellen.
7. Pudding auf Teller oder Platte stürzen.

Geräte und Hilfsmittel: Esslöffel, Tasse, Messer, Kochtopf, Schneebesen, Puddingform, Teller oder Platte.

Rainer warnt:
• Die kochende dickflüssige Puddingmasse kann spritzen. Also Abstand halten!

Speise-Eis

Speise-Eis enthält meist sehr viel Fett und Zucker, dazu Eigelb. Du kannst Dir ein »schlankeres« Eis selbst herstellen, das nicht so cremig wie das gekaufte ist, aber trotzdem gut schmeckt.

Vanille-Eis

¼ l süße Sahne

250 g Magerquark

1 Vanillezucker

2-3 El Honig

1. Sahne im Mixbecher mit dem Handrührgerät zu Schlagsahne schlagen.
2. Quark, Vanillezucker und Honig in einer Schüssel mit dem Handrührgerät zu einer cremigen Masse verrühren.
3. Schlagsahne unter die Quarkmasse heben.
4. Schüssel zum Vorkühlen in den Kühlschrank stellen, ab und zu mit einer Gabel vorsichtig umrühren.
5. Masse in eine Gefrierdose umfüllen und ins Gefrierfach stellen.
6. Nach ½ Stunde herausnehmen, umrühren, Oberfläche mit einem Löffel glätten.
7. Deckel aufsetzen und die Masse einige Stunden im Gefrierfach lassen.

Geräte und Hilfsmittel: Mixbecher, Handrührgerät, Esslöffel, Schüssel, Gabel, Gefrierdose.

Rainers Tipp:

- Dazu schmeckt Erdbeer- oder Himbeermus: Verlesene, gewaschene, geputzte und trocken getupfte Erdbeeren oder Himbeeren in den Mixbecher schütten. Mit dem Pürierstab pürieren. Nach Bedarf mit Zucker oder Honig abschmecken.
- Falls du das Eis etwas weicher magst: Nimm die Dose etwa ½ Stunde vor dem Verzehr aus dem Gefrierfach.

Dickmilch, Joghurt, Quark und Käse

Diese dickflüssigen bis festen Lebensmittel werden durch Verwandlung der Milch hergestellt.

Dickmilch und Joghurt entstehen durch Bakterien, die sich von der Milch ernähren und Säure ausscheiden. Bakterien sind winzige Lebewesen, die überall vorkommen. Sie sind so klein, dass sie für uns unsichtbar sind. Manche Bakterien können Krankheiten wie zum Beispiel Halsentzündungen hervorrufen. Andere sind für den Menschen sehr nützlich, etwa die in der Milch enthaltenen Milchsäurebakterien.

Damit Quark und verschiedene andere Käsesorten entstehen, müssen meist sowohl Milchsäurebakterien als auch Lab tätig werden. Lab kommt im Magen von Kälbern vor und lässt die Milch gerinnen. Für die Käsebereitung wird heute meist nicht mehr Kälberlab, sondern technisch erzeugtes Lab verwendet.

Heidelbeer-Joghurt nach Fuchsart

Im Supermarkt gibt es viele unterschiedliche Fruchtjoghurts fertig zu kaufen. Meist enthalten sie sehr wenig Frucht, dafür umso mehr Zucker und Aromastoffe. Du kannst dir auf einfache Weise fruchtig schmeckendes Fruchtjoghurt selbst herstellen und dabei ganz nach deinem eigenen Geschmack verfahren.

Füchse lieben Waldbeeren. Am meisten mögen sie Heidelbeeren – und ich mag Heidelbeeren ganz besonders, weil mit ihnen mein Leben bei Kathinka begonnen hat.

Für 3-4 Personen
1 großer (500 g) Becher Joghurt natur

200-250 g Heidelbeeren
1 Esslöffel Honig (nach Belieben)

1. Joghurt – mit oder ohne Honig - cremig rühren.
2. Heidelbeeren verlesen, waschen, in einem Küchensieb gut abtropfen lassen.
3. Heidelbeeren vorsichtig unter die Joghurtcreme rühren.

Geräte und Hilfsmittel: Mixbecher, Esslöffel, Handrührgerät, Küchensieb.

Rainers Tipp:
• Mir schmeckt der Joghurt auch mit Erdbeeren, Himbeeren oder Brombeeren.

Bunter Quark

Auch verschiedene fertige Quarkmischungen gibt es zu kaufen. Ich bevorzuge selbst zubereiteten Quark, für den ich die Zutaten je nach Appetit und Laune auswähle.

Für 2 Personen
250 g Magerquark
3 EL Milch
2 Gelbe Rüben

1 roter Paprika
1 Bund Schnittlauch
1 Prise Salz
1 Prise Pfeffer

1. Quark in eine Schüssel oder den Mixbecher füllen und mit Milch, Salz und Pfeffer verrühren.
2. Gelbe Rüben waschen, abtrocknen, schälen, auf der Gemüsereibe fein raspeln. Zur Quarkmasse geben.
3. Paprika waschen, abtrocknen, der Länge nach halbieren. Bei jeder Hälfte das Kerngehäuse mit den Samen und die weißen Häute herausschneiden. Paprikahälften durch Klopfen und Schütteln von restlichen Samen befreien.
4. Paprika in dünne Längsstreifen und dann in Würfel schneiden.
5. Geraspelte Rüben und Paprika mit dem Quark vermischen.
6. Schnittlauch waschen, abtrocknen und in feine Ringe schneiden. Halbe Schnittlauchmenge unter den Quark rühren.
7. Quark in eine Schüssel füllen und mit dem restlichen Schnittlauch bestreuen.

Geräte und Hilfsmittel: Schüssel oder Mixbecher, Esslöffel, Handrührgerät, Sparschäler, Küchenmesser, Gemüsereibe, Schneidebrett, Schüssel.

Rainers Tipp:
• Statt Paprika kannst du beispielsweise auch Radieschen klein schneiden und unter den Quark rühren.

Käsekartoffeln

Mit Hartkäse lässt sich gut zaubern, er schmilzt nämlich in der Hitze. Du kannst ihn also aus seinem festen Zustand in einen zähflüssigen verwandeln.

Für 2 Personen	125 g geriebener Käse
3 Tomaten	1 Ei
Öl oder Butter für die Form	30 g weiche Butter
1 Prise Salz	1-2 Prisen Kümmel
4 große gekochte Kartoffeln	¼ TL Salz

1. Tomaten waschen, abtrocknen, in kleine Würfel schneiden.
2. Eine flache feuerfeste Form mit Fett ausstreichen.
3. Tomatenwürfel auf dem Boden der Form verteilen. Eine Prise Salz darüberstreuen.
4. Kartoffeln schälen, der Länge nach in zwei flache Hälften schneiden.
5. Käse, Ei, Butter, Salz und Kümmel in einer Schüssel sorgfältig vermischen.
6. Kartoffelhälften mit der Schnittfläche nach oben auf die Tomatenmasse setzen.
7. Käse-Ei-Mischung mit Messer und Esslöffel auf die Kartoffelhälften streichen.
8. Form mit den Kartoffeln im auf 180 °C vorgeheizten Backofen etwa 30 Minuten backen, bis der Käse geschmolzen und leicht gebräunt ist.

Geräte und Zubehör: Küchenmesser, Schneidebrett, flache feuerfeste Form, Schüssel, Teelöffel, Esslöffel oder Kochlöffel.

Rainers Tipp:
• Wie wäre es mit einem gemischten Salat oder einem Tomatensalat als Beigabe?

Bum, bam, beier,
Die Katz mag keine Eier,
Was mag sie dann?
Speck aus der Pfann!
Ei, wie lecker ist unsere Madam!

Alter Kinderreim

Mit diesem Reim ärgere ich manchmal Minka, denn sie mag tatsächlich keine Eier.

Kathinka hält in ihrem Obstgarten Hühner und einen schönen großen Gockel namens Cäsar. Leider hat Cäsar ein etwas aufbrausendes Temperament und man muss sich vor ihm in Acht nehmen, wenn er schlecht gelaunt ist. Cäsar und die Hühner haben im Obstgarten viel Auslauf. Mit Gackeleia bin ich befreundet.

Was Gackeleia über Eier weiß

Wir Hühner legen Eier – wie alle Vögel. Aus einem Vogelei kann sich ein junger Vogel entwickeln. Hühnereier sind ein wichtiger Bestandteil der Nahrung des Menschen. Sie sind auch in vielen Speisen »versteckt«, etwa in Kuchen und Plätzchen, auch in manchen Aufläufen oder Soßen.

Wenn ihr uns schon die Eier wegnehmt, dann denkt bitte beim Eierkauf daran, dass bei der Käfighaltung Hühner auf engem Raum leben müssen. Wer keine Nahrung von gequälten Tieren will, bevorzugt die (etwas teureren) Eier aus Freilandhaltung, bei der die Hühner herumlaufen, scharren und alles tun können, was sie von Natur aus tun wollen. Bei Kathinka können wir das, aber wir sind auch noch aus anderen Gründen so gern hier: Wir erhalten Bio-Futter, bekommen keine Zusatzstoffe ins Futter und keine vorbeugenden Medikamente. Unsere Eier sind biologisch erzeugt, was auch für den gut ist, der sie verzehrt.

Gackeleia rät:

• Eier gehören zu den tierischen Nahrungsmitteln. Sie sollten nicht im Übermaß genossen werden. Iss pro Woche insgesamt (die »versteckten« eingerechnet) nicht mehr als 1-3 Eier, da sie zwar wertvolle Vitamine und Lecithin, aber auch viel Fett und Cholesterin enthalten.
• Auf jedem Ei findest du eine Kennzeichnung mit wichtigen Informationen. Die erste Zahl gibt an, wie die Hühner, von denen die Eier stammen, gehalten werden:

    0 = biologische Erzeugung
    1 = Freilandhaltung
    2 = Bodenhaltung
    3 = Käfighaltung

Bitte kaufe möglichst nur Eier, auf denen 0 oder 1 aufgedruckt ist.

Rainer warnt:
- Eier können von schädlichen Bakterien befallen werden. Man sollte sie daher grundsätzlich im Kühlschrank aufbewahren. Nur ganz frische Eier dürfen auch einmal roh verzehrt werden, sicherer ist es, Eier immer zu garen, also gekocht, gebacken oder gebraten zu verwenden. Auf den Packungen ist ein Mindesthaltbarkeitsdatum aufgedruckt.
- Wasch dir nach dem Eieraufschlagen die Hände mit Seife und warmem Wasser.

Rainers Versuch: Frischetest für Eier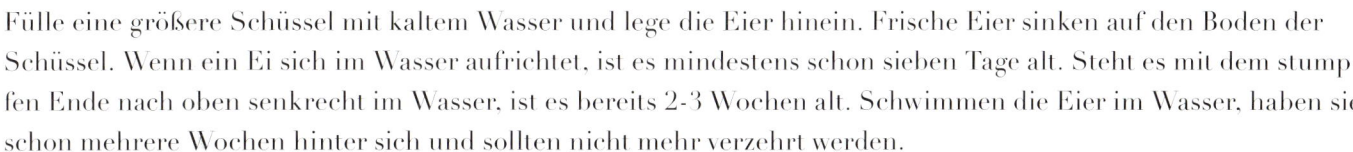

Das Alter sieht man einem Ei von außen nicht an. Aber ein einfacher Test gibt dir Auskunft.

Fülle eine größere Schüssel mit kaltem Wasser und lege die Eier hinein. Frische Eier sinken auf den Boden der Schüssel. Wenn ein Ei sich im Wasser aufrichtet, ist es mindestens schon sieben Tage alt. Steht es mit dem stumpfen Ende nach oben senkrecht im Wasser, ist es bereits 2-3 Wochen alt. Schwimmen die Eier im Wasser, haben sie schon mehrere Wochen hinter sich und sollten nicht mehr verzehrt werden.

Bei einem aufgeschlagenen Ei gilt: Je gewölbter der Dotter, desto frischer das Ei. Je flacher der Dotter, desto älter das Ei.

Ei-Verwandlungen

Das zähflüssige Ei lässt sich in eine feste Masse verwandeln. Diese schmeckt gut und macht satt.

Gekochtes Ei

1 Ei

1. Topf mit kaltem Wasser füllen, Ei mit Hilfe des Esslöffels vorsichtig in den Topf legen.
2. Wasser zum Kochen bringen, dann Hitze zurücknehmen und Ei etwa 10 Minuten kochen lassen.
3. Ei mit dem Löffel herausnehmen und kaltes Wasser darüber laufen lassen. Dieses »Abschrecken« ist wichtig, weil sich nur so die Schale leicht entfernen lässt.

Geräte und Hilfsmittel: Kochtopf, Esslöffel.

Rainers Tipp:
- Ein hart gekochtes Ei schmeckt auf Butterbrot. Schneide es in Scheiben und bestreue diese mit einer Prise Salz.
- Auch verschiedene Salate lassen sich mit hart gekochten und in Scheiben geschnittenen Eiern verzieren und verfeinern.
- Oder: Halbiere das Ei der Länge nach, hole den Dotter mit einem Teelöffel heraus und zerdrücke ihn mit einer Gabel. Vermische die Masse mit etwas Tomatenmark oder sehr fein geschnittener Petersilie und einer Prise Salz. Fülle sie wieder in die Höhlung im Eiweiß.

Rainer rät:

- Wenn ein Ei schon älter ist, sollte man es mindestens 10 Minuten kochen: »hartes« Ei mit festem Eiweiß und festem Dotter.
- Frische Eier lassen sich gut auch »weich« zubereiten: Man kocht sie 4-5 Minuten. Bei diesem typischen Frühstücksei ist das Eiweiß fast fest, das Eigelb noch weich.
- »Wachsweich« nennt man 6-8 Minuten gekochte Eier. Sie haben festes Eiweiß und fast festes Eigelb.

Rainers Versuch: Ist das Ei roh oder gekocht?

Einem Ei sieht man von außen nicht an, ob es roh oder gekocht ist. Mit diesem Test, der vielleicht Geschwister oder Freunde beeindruckt, kannst du es feststellen: Lege das Ei auf einen Tisch und versetze es mit Hilfe von Daumen und Zeigefinger in eine kreisende Bewegung:

Dreht es sich gleichmäßig, ist das Ei bereits gekocht. Ist die Drehung ungleichmäßig, ist das Ei roh.

Grüne Soße mit gekochten Eiern

Für 2 Personen
1 Handvoll frische Kräuter (zum Beispiel: Kresse, Basilikum, Schnittlauch, Petersilie)
1 Gewürzgurke
2 Eier
1 Zwiebel
4 EL Majonäse

150 g Joghurt (fettarm)
2 EL Senf
Saft von ½ Zitrone
1 EL Kapern
2 Prisen Salz
1 Prise Pfeffer

1. Kräuter waschen, trocken tupfen und klein schneiden.
2. Gewürzgurke in kleine Würfel schneiden.
3. Eier hart (10 Minuten) kochen, kalt abschrecken, abschälen und fein würfeln.
4. Zwiebel schälen und in feine Würfel schneiden.
5. Majonäse und Joghurt mischen.
6. Kräuter, Gewürzgurke, Eier, Zwiebel, Senf, Zitronensaft und Kapern unterrühren. Alles gut vermischen und mit Salz und Pfeffer abschmecken.

Geräte und Hilfsmittel: Küchenmesser, Schneidebrett, Kochtopf, Esslöffel, Teller, Schüssel, Kochlöffel.

Rainers Tipp:

- Diese grüne Soße passt gut zu Pellkartoffeln oder Brot.

Spiegelei

Für 1 Person
1 Ei
½ TL Öl

1 Prise Salz
Schnittlauch (oder Petersilie, Basilikum)

1. Ei vorsichtig am Rand einer Tasse aufschlagen.
2. Über der Tasse mit dem Daumen die Schale auseinanderziehen und Inhalt des Eis in die Tasse gleiten lassen.
3. In der Bratpfanne Öl erhitzen, Ei in die Pfanne gleiten lassen. Mit Salz bestreuen, Deckel auf die Pfanne setzen.
4. Ei bei geringer Hitze stocken lassen.
5. Schnittlauch (oder Petersilie oder Basilikum) waschen, trocken tupfen, klein schneiden.
6. Wenn sich das Eigelb leicht mit Eiweiß überzieht und alles Eiweiß in der Pfanne fest geworden ist, Ei mit dem Pfannenwender auf den Teller legen.
7. Mit den kleingeschnittenen Kräutern bestreuen.

Geräte und Hilfsmittel: Tasse, Bratpfanne mit Deckel, Küchenmesser, Schneidebrett. Pfannenwender, Teller.

Rainers Tipp:
- Spiegelei schmeckt gut auf einer Scheibe Vollkornbrot und mit in Scheiben geschnittenen Tomaten. Auch ein wenig Ketchup passt dazu.

Rainers Tipp

Rainer rät:
- Heutzutage kommt es nur noch ganz selten vor, dass sich ein verdorbenes Ei unter anderen Eiern befindet. Wenn für eine Speise mehrere Eier benötigt werden, ist es trotzdem sinnvoll, diese immer einzeln in einer Tasse aufzuschlagen (siehe oben), nach Aussehen und Geruch zu prüfen und erst dann zu den übrigen Zutaten zu geben.

Rainer rät!

Lauchrührei

Für 2 Personen
2 Eier
1 EL Öl

2 Prisen Salz
1 Stange Lauch
1 Prise Salz

1. Eier wie unter »Spiegelei« angegeben einzeln in der Tasse aufschlagen.
2. Eier in die Schüssel geben, mit 2 Prisen Salz bestreuen und mit der Gabel Eigelb und Eiweiß kräftig durchmischen.
3. Lauch putzen, der Länge nach halbieren, waschen, trocken tupfen, in dünne Scheiben schneiden.
4. In der Bratpfanne Öl erhitzen. Lauch unter Wenden weich dünsten. Mit einer Prise Salz würzen.
5. Eimasse über dem Lauch verteilen.
6. Ei bei geringer Hitze stocken lassen. Wenn die Masse fest (aber nicht zu fest) geworden ist, mit dem Pfannenwender herausnehmen und sofort auf Teller geben.

Geräte und Hilfsmittel: Tasse, kleine Schüssel, Gabel, Schneidebrett, Küchenmesser, Bratpfanne, Esslöffel, Pfannenwender.

Rainers Tipp:
- Lauchrührei schmeckt auf einer Scheibe Brot oder zu Kartoffelbrei (siehe S. 41). Dazu passen Radieschen oder auf der Gemüsereibe geraspelte Gelbe Rüben.

Zaubereien mit Eigelb und Eiweiß

Den Inhalt eines Eis kann man in die Bestandteile Eidotter und Eiweiß trennen:

1. Stelle eine Tasse und einen Mixbecher bereit.
2. Schlage das Ei auf, wie beim Rezept für Spiegelei angegeben.
3. Lass das Eiweiß in den Mixbecher laufen, indem du den Dotter abwechselnd von einer Schalenhälfte in die andere gleiten lässt. Pass aber auf, dass er nicht mit dem Eiweiß rausfällt.
4. Wenn das Eiweiß im Mixbecher ist, lass das Eigelb in die Tasse fallen. Du kannst das Eigelb in der zugedeckten Tasse etwa 1 Tag im Kühlschrank aufbewahren, falls du es nicht sofort verbrauchst.
5. Rühre das Eiweiß mit dem Handrührgerät so lange, bis ein weißer, fester Eischnee entstanden ist. Auch mit dem Schneebesen lässt sich Eischnee schlagen.

Kathinkas Hexen-Pfannkuchen

Für einen feinen Pfannkuchen braucht man nur wenige Zutaten. Eier sind wichtig, damit er locker und schmackhaft wird. Pfannkuchen kann man als süßes oder als pikantes Gericht genießen, je nachdem, was man dazu isst. Wenn das keine Hexerei ist!

Rainer warnt:
- Das heiße Fett kann schwere Verbrennungen verursachen. Lass dir daher beim Pfannkuchenbacken von einer erwachsenen Person helfen.

Rainers Tipp:
- Mit einem hölzernen Schaschlikspieß oder mit dem Stiel eines Holzkochlöffels kannst du prüfen, ob das Öl die richtige Temperatur zum Einfüllen des Teiges hat: Holz ins Fett halten. Bilden sich kleine Bläschen, ist das Öl heiß genug.

Für 2 Personen	¼ l Milch
2 Eier	1 Prise Salz
150 g Mehl (Vollkornmehl oder anderes Mehl)	1-2 EL Öl

1. Eigelb und Eiweiß trennen wie oben angegeben.
2. Mehl in eine Schüssel geben. Eigelb, Milch und Salz zufügen und alles mit Hilfe des Handrührgeräts gründlich verrühren.

3. Teig etwa ½ Stunde zum Quellen stehen lassen.
4. Eiweiß im Mixbecher mit dem Handrührgerät zu Eischnee schlagen.
5. Eischnee vorsichtig unter den Pfannkuchenteig heben.
6. Öl in der Bratpfanne bei mittlerer Temperatur erhitzen. Mit dem Schöpflöffel eine Portion Teig in die Pfanne geben. Bratpfanne leicht bewegen, damit der Teig gleichmäßig verläuft.
7. Backrohr auf 50 °C vorheizen.
8. Pfannkuchen auf einer Seite goldgelb backen.
9. Wenn er sich leicht vom Pfannenboden löst, Pfannkuchen mit dem Pfannenheber vorsichtig wenden.
10. Pfannkuchen auf der zweiten Seite goldgelb backen.
11. Den fertigen Pfannkuchen auf den Teller heben und diesen in den Backofen stellen.
12. Auf diese Weise weitere Pfannkuchen backen und im Backrohr warm halten, bis der Teig verbraucht ist.

Geräte und Hilfsmittel: Tasse, Mixbecher, Schüssel, Handrührgerät, Esslöffel, Bratpfanne, Schöpflöffel, Pfannenwender, Teller.

Rainers Tipp:
- Dazu schmecken Salat oder Tomatensoße oder Fleischsoße.
- Als süßes Gericht: Pfannkuchen mit Ahornsirup, Nussmus oder Marmelade bestreichen, mit Zucker und Zimt bestreuen oder Eis dazu essen. Vielleicht fallen dir noch andere Beilagen zum Pfannkuchen ein?
- Wenn du dir weniger Arbeit machen willst: Trenne die Eier nicht, sondern füge sie ungetrennt dem Mehl zu (Punkt 2) und verrühre alles gründlich.

Rainers Tipp

Mandelmakronen

Rosenwasser wird aus den Blütenblättern von Duftrosen gewonnen. In der arabischen Küche spielt es eine große Rolle. Gutes Marzipan enthält neben Mandeln und Zucker oder Honig stets auch ein wenig Rosenwasser.

Für etwa 50 Stück
3 Eiweiß
150 g Zucker
250 g gemahlene süße Mandeln

25 geschälte ganze süße Mandeln
2 EL Rosenwasser
etwa 50 Backoblaten (4 cm Durchmesser).

1. Eiweiß steif schlagen, dann bei laufendem Handrührgerät nach und nach den Zucker zugeben und so lange weiter schlagen, bis eine feste Creme entstanden ist.
2. Rosenwasser und gemahlene Mandeln mit dem Kochlöffel vorsichtig unter die Eischnee-Masse heben.
3. Backoblaten auf dem Backblech verteilen. Mit Hilfe von 2 Teelöffeln jeweils kleine Häufchen der Teigmasse auf die Oblaten setzen.
4. Die geschälten ganzen Mandeln mit dem Messer halbieren und auf jedes Mandelhäufchen eine Mandelhälfte setzen.
5. Im vorgeheizten Backofen auf mittlerer Stufe bei 140 °C etwa 25 Minuten backen.

Gefahr!

Geräte und Hilfsmittel: Rührschüssel, Handrührgerät, Esslöffel, Kochlöffel, 2 Teelöffel, Küchenmesser, Schneidebrett, Backblech.

Rainer rät:

- Rosenwasser erhältst du in Lebensmittelgeschäften oder in der Apotheke. Achte darauf, dass das Rosenwasser für die Herstellung von Lebensmitteln, wie etwa Gebäck, geeignet ist. Es gibt nämlich auch Rosenwasser, das man nur äußerlich, also etwa für die Schönheitspflege, verwenden sollte.
- Du kannst das Rosenwasser auch einfach weglassen.
- Statt der süßen Mandeln kannst du auch Haselnüsse oder Walnüsse verwenden.

Rainer warnt:

- Bittermandeln sind giftig!

Fuchs, du hast die Gans gestohlen.
Gib sie wieder her! Gib sie wieder her!
Sonst muss dich der Jäger holen,
Mit dem Schießgewehr.

Altes Kinderlied

Eine Gans ist natürlich ein Festessen für jeden Fuchs. Aber wann kriegt er das schon? Wie das böse Kinderlied andeutet, riskiert ein Fuchs sein Leben, wenn er auf Gänsejagd geht. Dass meine Artgenossen sich vor allem von Mäusen ernähren, habe ich ja schon erwähnt. Nun, ich mag nicht so viel Fleisch, aber ich bin ja auch kein gewöhnlicher Fuchs.

Mit Fleisch und Fisch kann man beim Kochen gut zaubern, denn sie verändern Farbe und Festigkeit in der Pfanne oder im Kochtopf.

Fleisch

Rainer warnt:
- Eiweißreiche Lebensmittel wie Fleisch können in rohem Zustand leicht von Bakterien besiedelt werden, auch von solchen, die für uns schädlich sind. Durch Garen werden sie abgetötet. Daher ist bei der Verarbeitung von Fleisch auf äußerste Hygiene zu achten. Nimm zum Fleischschneiden ein eigenes Brett, das du anschließend sofort mit Spülmittel und heißem Wasser reinigst. Auch Messer, Kochlöffel, Teller und alle Geräte, die mit rohem Fleisch in Berührung gekommen sind, müssen vor einer Weiterverwendung sorgsam gereinigt werden. Wasche dir sorgfältig die Hände, nachdem du rohes Fleisch angefasst hast.
- Beim Fleischbraten Achtung vor Verbrennungen mit spritzendem heißem Fett.

Was Kathinka über Fleisch und Wurst sagt
Wenn die Menschen sehr viel Fleisch und Wurst essen, hat das einige Nachteile.
1. Durch den Verzehr von zu viel Fleisch und Wurst können Krankheiten gefördert werden, denn mit einer solchen Ernährung nimmt man mehr tierisches Fett und tierisches Eiweiß auf, als dem Körper gut tut.
2. Damit viel Fleisch und Wurst hergestellt werden können, müssen viele Tiere, meist auf engem Raum, in kurzer Zeit zur Schlachtreife gebracht werden.
3. Für die Massentierhaltung ist Kraftfutter nötig, das die Tiere rasch wachsen lässt. Immer mehr Ackerland dient dem Anbau von Futtermitteln wie etwa Mais oder Weizen. Dieser Anbau auf großen Flächen erfordert viel Wasser und Energie, außerdem meist den Einsatz von Kunstdünger und Schädlingsvernichtungsmitteln. Der Kot der vielen Rinder, Schweine, Hühner belastet ebenfalls Umwelt und Grundwasser.
4. Weil wir viel Fleisch verbrauchen, reichen die Futtermittel, die bei uns angebaut werden, nicht aus. Wir kaufen Futtermittel in anderen Gegenden der Erde, oft Ländern, in denen die Menschen hungern müssen. Unser hoher Futtermittelverbrauch bringt viele Länder dazu, statt Nahrung für die eigene Bevölkerung Futtermittel für die reichen Länder zu erzeugen. Bedenklich ist auch, dass beim Transport der Futtermittel zu uns viel Energie verbraucht wird und Abgase entstehen, die das Klima belasten.
5. Der verstärkte Futtermittelanbau vernichtet wertvolle Waldflächen, beispielsweise im Regenwald. Dadurch wird das Weltklima weiter aufgeheizt und der Lebensraum vieler Tier- und Pflanzenarten zerstört.

Kathinka rät:

- Es ist besser, seltener – nicht öfter als 2-3-mal pro Woche – Fleisch oder Wurst zu essen.
- Fleisch und Wurst sollten möglichst von artgerecht gehaltenen Tieren stammen.
  Artgerecht gehaltene Tiere haben genügend Platz, dürfen sich ausreichend bewegen, erhalten das für sie richtige Futter ohne künstliche Zusatzstoffe und vorbeugende Medikamente. Einen Teil ihres Futters beschaffen sie sich möglichst selbst auf der Weide. Artgerecht gehaltene Tiere müssen nicht leiden, sondern können sich ihres Lebens freuen. Fleisch und Wurst von artgerecht gehaltenen Tieren schmeckt meist besser.
- Fleisch und Wurst sollten möglichst von Betrieben aus der eigenen Region stammen.
  Die langen und für die Tiere qualvollen Transportwege entfallen, Landwirte und Handwerker der Region werden unterstützt.
- Fleisch und Wurst von artgerecht gehaltenen Tieren aus der Region kann man sich beispielsweise beschaffen durch: Einkauf beim Metzger, der über die Herkunft der von ihm verarbeiteten Fleisch- und Wurstwaren Auskunft geben kann, Direktkauf auf dem Bauernhof oder den Kauf von Bio-Waren aus der Region.

Hackfleisch-Bällchen

Gerade mit Hackfleisch lässt sich ganz toll hexen.

Für 4 Personen	2 TL Senf
1 trockene Semmel	½ TL Salz
1 große Zwiebel	1 Prise Pfeffer
1 Ei	etwas Mehl
2 kleine Pfefferminzblätter	4 EL Öl
375 g gemischtes Hackfleisch	

1. Semmel in die kleine Schüssel legen, mit warmem Wasser übergießen. Die Semmel so lang einweichen, bis sie sich mit Wasser ganz vollgesaugt hat.
2. Semmel aus der Schüssel nehmen und mit beiden Händen gut ausdrücken.
3. Zwiebel schälen und in kleine Würfel schneiden.
4. Ei am Rand einer Tasse aufschlagen und in die Tasse gleiten lassen.
5. Pfefferminzblätter waschen, trocken tupfen und fein schneiden.
6. Hackfleisch mit Semmel, Zwiebel, Ei, Pfefferminze, Senf, Salz und Pfeffer mit den Händen zu einem Teig vermischen.
7. Aus dem Teig kleine Bällchen formen, auf einen flachen Teller legen und etwas flachdrücken.
8. Mehl auf einen Teller streuen und Bällchen auf beiden Seiten darin wälzen.
9. Öl in einer Bratpfanne erhitzen, Bällchen hineingeben und bei mäßiger Hitze erst auf der einen Seite knusprig braten.
10. Pfanne von der Herdplatte ziehen. Fleischbällchen wenden.
11. Pfanne wieder auf die Herdplatte stellen und Bällchen auf der anderen Seite knusprig braten.

Geräte und Hilfsmittel: kleine Schüssel, Schneidebrett, Küchenmesser, Tasse, Schüssel, Teelöffel, Esslöffel, 2 Teller, Bratpfanne, Pfannenwender.

Rainers Tipp:

- Zu den Bällchen schmeckt Brot, Kartoffelsalat (siehe S. 42) oder Bunter Quark (siehe S. 73).

Rainers Tipp

Rindergulasch

Für 4 Personen
1 kg Tomaten
800 g Rindergulasch
2 Zwiebeln
3 EL Öl

etwa 300 ml Wasser
2 TL Paprikapulver, edelsüß
½ TL Salz
nach Belieben: ½ TL Kümmel
nach Belieben: 4 EL saure Sahne

1. Tomaten waschen, abtrocknen, in Würfel schneiden.
2. Gulasch sorgfältig von Fett und Sehnen befreien.
3. Zwiebeln schälen, in feine Würfel schneiden.
4. Öl in einem Topf erhitzen, Gulasch darin bei mäßiger Hitze von allen Seiten anbraten.
5. Zwiebelwürfel zugeben und mitbraten.
6. Tomaten zugeben.
7. Wasser zugeben.
8. Gulasch etwa 1 ¼ Stunde im geschlossenen Topf bei niedriger Hitze köcheln lassen. Nach etwa ¾ Stunde Paprikapulver und Kümmel zugeben.
9. Wenn das Fleisch weich ist, Salz und saure Sahne zugeben.

Geräte und Hilfsmittel: Schneidebrett, Küchenmesser, Schneidebrett für Fleisch, Fleischmesser, Esslöffel, Kochtopf, Kochlöffel, Teelöffel.

Rainers Tipp:
- Dazu schmecken Pellkartoffeln, Nudeln (siehe S. 36), Reis, Hirse oder Kartoffelbrei (siehe S. 41).
- Falls Du keine Tomaten zur Verfügung hast, kannst Du auch 2 EL Tomatenmark mit 400 ml Wasser anrühren und statt der Tomaten zugeben.

Welches Fett eignet sich zum Kochen und Braten?
Rainer rät:
- Zum Kochen und Braten sind hitzebeständige Speiseöle sehr gut geeignet (siehe S. 48).
- Das Fett sollte nie so hoch erhitzt werden, dass es zu rauchen beginnt, denn dann entstehen für den Körper schädliche Stoffe.
- Butter kann man hie und da zum Dünsten verwenden. Sie darf aber nicht hoch erhitzt werden.
- Ungehärtete feste Pflanzenfette, wie Kokosfett oder Palmkernfett sind hitzestabil, haben jedoch wie tierische Fette einen hohen Gehalt an gesättigten Fettsäuren, die beispielsweise Übergewicht fördern. Meiden sollte man feste Pflanzenfette, bei denen auf der Verpackung „gehärtet" angegeben ist.
- Beim Kochen und Braten sollte man nur so viel Fett verwenden, wie unbedingt nötig ist.

Frühlingspfanne »Kitsune«

Manchmal wünsche ich mir, ich würde in Japan leben. Dort sind Füchse viel angesehener als hier zu Lande. In Japan gibt es sogar einen Fuchsgott, dem Tempel geweiht sind. Fuchs heißt auf japanisch »Kitsune«.

Für 4 Personen
400 g geschnetzeltes Rindfleisch
3 EL Öl
5 EL Sojasoße
1 Bund Frühlingszwiebeln

1 Glas Sojabohnen-Keimlinge
250 g frische Champignons
¼ Kopf Weißkraut
1 Prise Salz (kann eventuell auch wegbleiben)

1. Öl in der Pfanne erhitzen und Rindfleisch etwa 10 Minuten unter Rühren braten.
2. Fleisch aus der Pfanne nehmen, in einen Suppenteller legen und mit der Sojasoße übergießen.
3. Frühlingszwiebeln waschen, trocken tupfen, in feine Ringe schneiden
4. Sojabohnenkeimlinge auf einem Sieb abtropfen lassen.
5. Champignons kurz waschen, trocken tupfen, Stielenden abschneiden. Champignons der Länge nach in dünne Scheiben schneiden.
6. Vom Weißkrautviertel den Strunk abschneiden. Weißkrautviertel sorgfältig waschen und abtrocknen, in feine Scheiben schneiden.
7. Frühlingszwiebeln, Weißkraut, Sojabohnen-Keimlinge und Champignons etwa 10 Minuten im Bratfett dünsten.
8. Fleisch und Sojasoße zugeben, alles vermischen. Deckel auf die Pfanne setzen und Inhalt 5 Minuten dünsten lassen.
9. Da Sojasoße schon viel Salz enthält: Probiere erst, ob du noch etwas Salz zugeben musst.

Geräte und Hilfsmittel: Bratpfanne mit Deckel, Pfannenwender, Suppenteller, Esslöffel, Messer, Schneidebrett, Küchensieb.

Rainers Tipp:
- Dazu passen Reis oder Nudeln.
- Falls du dir keine Sojabohnen-Keimlinge beschaffen kannst oder du keine Lust darauf hast: Schäle zwei Gelbe Rüben, wasche sie und schneide sie in kleine Würfel.

Rainers Tipp

Schinkennudeln

Für 2-3 Personen
250 g Nudeln (Spätzle, Bandnudeln oder andere Nudeln)
1 Prise Salz
1 roter Paprika
1 Scheibe gekochter Schinken (etwa 150 g)
2 Eier

2 EL Milch
1 Prise Salz
2 EL Öl
1 Prise Salz
1 Bund Petersilie
nach Belieben: etwas geriebener Käse

1. Wasser mit 1 Prise Salz zum Kochen bringen. Nudeln zugeben und bissfest kochen, in ein Küchensieb schütten, durch Schütteln auflockern.
2. Paprika waschen, abtrocknen. Paprika der Länge nach halbieren, Kerngehäuse und weiße Häute mit dem Messer herausschneiden, restliche Samen ausschütteln. Paprikahälften in dünne Scheiben schneiden. Die Scheiben quer zu Würfeln schneiden.

3. Eier einzeln in einer Tasse aufschlagen (siehe S. 79), in einen Suppenteller schütten. Milch und 1 Prise Salz zugeben, mit der Gabel kräftig durchmischen.
4. Schinken klein schneiden.
5. In der Pfanne Öl erhitzen, Paprikawürfel darin unter Rühren bei mäßiger Hitze etwa 5 Minuten dünsten.
6. Nudeln und Schinken zugeben. Unter Rühren und Wenden erhitzen und mit dem Paprika vermischen. Mit 1 Prise Salz würzen.
7. Die Eiermischung langsam über den Pfanneninhalt verteilen. Deckel auf die Pfanne setzen und Schinkennudeln bei geringer Hitze fest werden lassen.
8. Petersilienblättchen von den Stängeln zupfen. Blättchen waschen und trocken tupfen, fein schneiden.
9. Schinkennudeln mit Petersilie und nach Belieben mit etwas geriebenem Käse bestreuen.

Geräte und Hilfsmittel: größerer Kochtopf, Kochlöffel, Küchensieb, Küchenmesser, Schneidebrett, Tasse, Suppenteller, Gabel, Esslöffel, Bratpfanne mit Deckel, Pfannenwender.

Fisch

Fische leben im Wasser – manche Fischarten im Salzwasser der Meere, manche Fischarten im Süßwasser, also in Bächen, Flüssen, Teichen oder Seen. Weil die Menschen mehr Fische aus dem Meer (aus der »See«) fangen, als es Nachkommen gibt, sind inzwischen viele sogenannte Seefische vom Aussterben bedroht.
Man sollte daher nur solche Fische essen, deren Bestände nicht bedroht sind. Mit recht gutem Gewissen kann man derzeit genießen: den Salzwasserfisch Hering, unter den Süßwasserfischen aus heimischen Zuchten stammende Forellen, Zander oder Karpfen.

Zanderfilets auf Lauchbett

Für 4 Personen
4 Zanderfilets (frisch oder gefroren)
½ Zitrone
einige Zweige Petersilie oder Dill
1 kg Lauch
½ TL Salz
1 Prise Pfeffer
3 EL Öl
Öl zum Ausstreichen der Auflaufform
2 Prisen Salz
150 g Frischkäse
2 EL Milch

1. Zitronenhälfte auf die Zitruspresse drücken und Saft auspressen.
2. Zanderfilets abspülen, trocken tupfen, auf einem Teller mit Zitronensaft beträufeln. Bei gefrorenen Filets entfällt das Abspülen und Trockentupfen.
3. Petersilienblättchen abzupfen oder Dill von groben Stängeln befreien. Kräuter waschen, trocken tupfen und fein schneiden.

4. Vom Lauch die schlechten Blätter entfernen. Enden der Lauchstangen abschneiden. Lauch waschen, trocken tupfen, in dünne Ringe schneiden.

5. Lauch in erhitztem Öl unter gelegentlichem Umrühren etwa 5 Minuten dünsten.

6. Lauch mit Salz und Pfeffer würzen und in eine gefettete Auflaufform füllen.

7. 2 Prisen Salz über die Fischfilets verteilen. Fischfilets auf den Lauch legen.

8. Frischkäse in einem Becher mit Milch und Kräutern zu einer cremigen Masse verrühren. Masse auf den Fischfilets verteilen.

9. Auflaufform in den Backofen schieben (auf zweite Stufe von unten). Backofen auf 190 °C einstellen und Fisch ungefähr 40 Minuten garen.

Geräte und Hilfsmittel: Zitruspresse, Teller, Schneidebrett, Küchenmesser, Bratpfanne, Pfannenwender oder Holzkochlöffel, Esslöffel, Teelöffel, Becher, Auflaufform.

Rainers Tipp:
• Dazu passen Pellkartoffeln (siehe S. 41) oder Kartoffelbrei (siehe S. 41).

Rainers Tipp

Forellenfilet mit Spaghetti und Kresse

Für 2 Personen
200 g Spaghetti
1 Prise Salz
200 g geräuchertes Forellenfilet, zerkleinert
1 rote Paprika
1 Handvoll Kresse

1 EL Olivenöl
150 ml süße Sahne
1 TL Zitronensaft
¼ TL Salz
1 Prise Pfeffer

1. Wasser mit 1 Prise Salz zum Kochen bringen und Spaghetti darin nach Anleitung bissfest kochen. In einem Küchensieb abschütten, durch Schütteln auflockern.

2. Paprika waschen, abtrocknen, halbieren. Kerngehäuse entfernen, restliche Samen ausschütteln, Paprika in kleine Würfel schneiden.

3. Öl in der Bratpfanne erhitzen und Paprikawürfel 5 Minuten dünsten.

4. Sahne und Zitronensaft zugeben und alles etwa 5 Minuten bei geringer Hitze köcheln lassen.

5. Kresse abschneiden, waschen, trocken tupfen und grob schneiden. (Das Waschen kann bei selbst gezogener Kresse auch entfallen.)

6. Kresse und Forellenfilet zufügen und Pfanneninhalt mit Salz und Pfeffer würzen.

7. Spaghetti in die Pfanne geben. Pfanneninhalt vorsichtig vermischen, kurz erhitzen.

Geräte und Hilfsmittel: großer Kochtopf, Kochlöffel, Küchensieb, Schneidebrett, Küchenmesser, Bratpfanne, Esslöffel, Teelöffel, Küchenschere.

Rainers Tipp:
• Du kannst die Kresse selbst ziehen (siehe S. 55), aber auch viele Lebensmittelgeschäfte bieten Kresse an.
• Wenn du keine Kresse zur Verfügung hast oder sie dir nicht schmeckt, kannst du stattdessen auch fein geschnittene andere Kräuter nehmen, etwa Schnittlauch, Petersilie oder Dill.

Rainers Tipp

VERZEICHNIS

& ANHANG

Rezeptverzeichnis

 leicht *    mittelschwer **    schwieriger ***

Rezeptregister alphabetisch

Rezeptregister nach Kategorien

Zum Nachschlagen

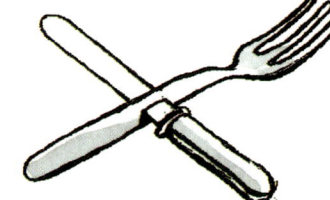

Diese Begriffe verwenden Meisterköchinnen und -köche (wie ich)

Braten: Nahrungsmittel in einer Pfanne oder im Bratrohr in erhitztem Fett garen, wobei meist eine Verwandlung von Farbe und Festigkeit eintritt.

Dünsten: Gemüse, Zwiebel, Obst, Fleisch oder Fisch im eigenen Saft und, wenn nötig, zugegebener Flüssigkeit garen.

Garen: Nahrungsmittel durch Zufuhr von Wärme in Form von Kochen, Braten, Dünsten, Backen verwandeln.

Glasig dünsten: Reis, Zwiebel oder Knoblauch in erhitztem Fett bei geringer Hitze so lange unter Rühren dünsten, bis sie leicht durchsichtig erscheinen.

Köcheln: Kochen bei geringer Hitze, so dass die Flüssigkeit nicht sprudelt, sondern nur etwas blubbert.

Kochen: Garen in viel Flüssigkeit (beispielsweise Wasser), die eine Temperatur um den Siedepunkt hat.

Prise: Menge, die man zwischen Daumen und Zeigefinger halten kann. Wird meist gebraucht für Salz, Pfeffer oder andere Gewürze.

Pürieren: Weiche (rohe oder gegarte) Lebensmittel mit Hilfe eines Pürierstabes, Stampfers oder anderer Hilfsmittel in Breimasse verwandeln.

Putzen: Bei Gemüse oder Obst das Entfernen von unerwünschten Teilen, etwa Stielen oder welken Blättern.

Quellen: Stärkereiche Nahrungsmittel wie Getreide oder Hülsenfrüchte (Erbsen, Bohnen, Linsen) können sehr viel Flüssigkeit aufnehmen: Sie quellen.

Raspeln: Lebensmittel mit Hilfe einer Reibe in kleine Teile verwandeln.

Siedepunkt: Temperatur, bei der eine erhitzte Flüssigkeit beginnt, sich in Gas zu verwandeln, also beispielsweise Wasser in Wasserdampf. Wasser hat einen Siedepunkt von 100 °C.

Unterheben: Schlagsahne oder Eischnee mit einem großen Löffel vorsichtig unter eine festere Masse mischen.

Verlesen: Entfernen von ungeeigneten (faulen, verfärbten, unreifen) Früchten oder Samen.

Ziehen lassen: 1. Knödel oder anderes in Flüssigkeit knapp unterhalb des Siedepunktes garen. 2. Lebensmittel vor dem Verzehr in einer Soße liegen lassen, beispielsweise Salate aus gekochten Lebensmitteln (z. B. Kartoffelsalat).

Diese Arbeitstechniken beherrschen Meisterköchinnen und -köche

Anrühren von Stärkepulver oder Puddingpulver: Rühre das Pulver mit wenig Flüssigkeit sorgfältig so an, dass keine Klümpchen bestehen bleiben.

Ausstreichen von Backformen (Auflaufform, Backblech, Kuchenblech): Damit nichts hängenbleibt, müssen Backformen vor dem Befüllen immer mit Fett ausgestrichen werden. Am besten geeignet sind Butter oder Öl und am schnellsten und einfachsten geht es, wenn du die Form mit den sauberen Fingern ausstreichst. Du kannst aber auch Pinsel oder ein Stück Butterbrotpapier nehmen.

Käse reiben: Halte die Käse- oder Rohkostreibe schräg, drücke das Käsestück auf das obere Ende der Reibfläche und ziehe es nach unten. Vorsicht: Nicht die Finger mitreiben!

Kernhaus entfernen (Äpfel oder Birnen): Teile den Apfel oder die Birne der Länge nach, anschließend nochmals die

Hälften. Schneide bei jedem Viertel mit dem Küchenmesser das Kerngehäuse heraus.

Knoblauch schälen und pressen (oder schneiden): Löse von einer Knoblauchknolle die benötigte Anzahl von Zehen ab.

Ziehe mit einem Messer die trockene Schale der Zehe ab. Stecke die Zehe in die Knoblauchpresse und drücke sie durch. Du kannst die Zehen auch in feine Scheiben schneiden oder würfeln.

Kräuter schneiden: Befreie zunächst die Kräuter von groben Stängeln. Wasche dann die Kräuter und tupfe sie trocken.

Schiebe sie auf einem Schneidebrett zu einem Häufchen zusammen und schneide sie klein. Einfacher geht es mit einem Wiegemesser.

Obst entsteinen: Führe mit dem Küchenmesser vom Stielloch ausgehend einen scharfen Schnitt rund um die

Steinfrucht. Drehe mit den Fingern die so entstandenen Hälften gegeneinander, bis sie sich vom Stein lösen. Für Zwetschgen und Kirschen gibt es in Haushaltwarengeschäften oder Haushaltsabteilungen einen speziellen Entsteiner.

Schälen: Nimm zum Schälen von Kartoffeln oder Gelben Rüben, Äpfeln oder Birnen am besten einen Sparschäler.

Scheiben schneiden: Lege das gewaschene und abgetrocknete, eventuell auch geschälte Gemüse auf ein Brett. Schneide mit dem Messer Scheiben ab, indem du das Gemüse mit der anderen Hand gut festhältst.

Orange oder Zitrone auspressen: Schneide die Frucht auf einem Brett quer in zwei Hälften. Drücke die Hälfte von oben auf die Erhebung der Zitruspresse und bewege sie hin und her, bis sämtlicher Saft in den Saftring der Presse geflossen ist. Entferne die in den »Zähnen« hängenden Kerne, ehe du den Saft abgießt.

Teig ausrollen: Bestäube eine glatte und saubere Arbeitsfläche mit etwas Mehl, ebenso das Nudelholz. Knete den Teig nochmals kurz durch und forme ihn zu einer Kugel. Lege die Kugel auf die Arbeitsfläche und drücke sie mit den Händen etwas flach. Rolle mit dem Nudelholz über den Teig, so dass er sich nach allen Seiten flach ausbreitet. Hebe die Teigplatte mit beiden Händen ab und ziehe sie zur Seite. Streue nochmals wenig Mehl auf die Arbeitsfläche. Lege die Teigplatte umgekehrt auf die Fläche und rolle sie weiter bis zur gewünschten Größe aus.

Waschen: Obst und Gemüse muss vor dem Putzen und Schälen immer gewaschen werden. Trockne es mit einem sauberen Tuch oder einem Stück von der Küchenrolle vorsichtig ab.

Würfel schneiden (Gemüse): Lege das gewaschene und abgetrocknete, eventuell auch geschälte Gemüse auf ein Brett. Schneide es mit dem Messer zunächst in Längsstreifen. Schneide die Längsstreifen quer in Würfel.

Zwiebel schälen und in Würfel schneiden: Beim Zwiebelschneiden lässt sich »Weinen« meist nicht verhindern, da der austretende Zwiebelsaft Augen und Nase reizt. Schneide möglichst bei geöffnetem Fenster. Du brauchst ein scharfes Messer.

1. Schäle die Zwiebel, indem du die trockenen Häute abziehst.

2. Lege die Zwiebel auf ein Brett. Lass zunächst den Wurzelansatz am unteren Ende noch dran, da er die Zwiebelschalen zusammenhält.

3. Halbiere die Zwiebel durch einen Schnitt von oben nach unten.

4. Schneide die Hälften längs der Schalen in dünne Scheiben.

5. Schneide die Scheiben quer zu kleinen Würfeln.

Zwiebel in Scheiben schneiden: Schäle und halbiere die Zwiebel wie oben unter 1. – 3. angegeben. Schneide dann die Hälften quer zu den Schalen in dünne Scheiben.

Literatur und Quellen

- aid infodienst Verbraucherschutz, Ernährung, Landwirtschaft e. V. (Hrsg.): Fettbewusst essen. 3. überarbeitete Auflage. Bonn 2002.
- aid infodienst Verbraucherschutz, Ernährung, Landwirtschaft e. V. und Deutsche Gesellschaft für Ernährung e. V. (Hrsg.): Vollwertig essen und trinken nach den 10 Regeln der DGE. 22., überarbeitete Auflage. Bonn 2005.
- Gudrun Ambros: Bio-Backen mit Kindern. Rezepte von Judith Braun. Schaafheim: bio verlag 2001.
- Harry Assenmacher, Christine Guist, Susanne Teige: Kochen & Kinder. Völlig überarbeitete Neuauflage. Schaafheim: bio verlag 2001.
- Henze, Christian: Für Kinder kochen. Stuttgart: Franckh-Kosmos Verlags-GmbH & Co KG 2005.
- Sauer, Ingeborg und Magdalena Stäblein: Nahrungszubereitung mit System. 2. durchgesehene Auflage. Hamburg: Verlag Dr. Felix Büchner 1996.
- Stuber, Hedwig M.: Ich helf dir kochen. 40., komplett überarb. Neuausgabe. München: BLV Buchverlag 2005.

Handreichungen, Broschüren, Informationsblätter von:
- aid infodienst Verbraucherschutz, Ernährung, Landwirtschaft e. V., Heilsbachstraße 16, 53123 Bonn. Internet: www.aid.de.
- Bund Naturschutz in Bayern e. V., Landesfachgeschäftsstelle, Bauernfeindstraße 23, 90471 Nürnberg. Internet: www.bund-naturschutz.de.
- Bundesministerium für Ernährung, Landwirtschaft und Verbraucherschutz, 11055 Berlin. Internet: www.verbraucherministerium.de.
- Deutsche Gesellschaft für Ernährung e. V., Godesberger Allee 18, 53175 Bonn. Internet: www.dge.de.
- Greepeace e. V., Große Elbstraße 39, 22767 Hamburg. Internet: www.greenpeace.de.

Rechtlicher Hinweis

Die Autorin dankt ...

- für die Durchsicht des Manuskripts und fachliche Beratung: Karin Seubert, Technikerin für Hauswirtschaft und Ernährung, Kräuterpädagogin;
- fürs Ausprobieren, Korrigieren und Ergänzen der Rezepte: Sylvia Baumann, Anneliese Eggertsdorfer, Cornelia Kraß und Valerian, Kilian, Leon, Anni Krombacher, Merima und Leo, Dr. Veronika Schröer und Felicitas;
- für Fachinformationen und Hinweise: Marion Ruppaner, Dipl.-Ing. agr., Agrarreferentin beim Bund Naturschutz in Bayern e. V.;
- für Unterstützung bei der Literatursuche und -beschaffung: Theresia Reinstein, Leiterin der Stadtbücherei Osterhofen.

Dr. Gertrud Scherf ...

ist 1947 in Berchtesgaden geboren, war Grund- und Hauptschullehrerin sowie Wissenschaftliche Assistentin am Institut für die Didaktik der Biologie der Universität München. Als Sachbuchautorin insbesondere in den Bereichen Natur und Garten, lebt und arbeitet sie seit vielen Jahren in Osterhofen-Galgweis. Besonders am Herzen liegen der Autorin die kulturgeschichtlichen Aspekte ihrer Themen – schonungsvolle Nutzung und Schutz der Natur durch den Menschen sowie die über den unmittelbaren Nutzen hinausgehenden Beziehungen zu Tieren und Pflanzen, wie sie sich auch in Sagen und Märchen zeigen. Neuere Buchveröffentlichungen dazu sind beispielsweise »Heilkräuter aus dem eigenen Garten«, »Alte Nutzpflanzen wieder entdeckt«, »Die geheimnisvolle Welt der Zauberpflanzen und Hexenkräuter« oder »Wildpflanzen neu entdecken«.
Aus langjähriger Beschäftigung mit dem Themenbereich »Ernährung und Essen«, der in besonderem Maße im Spannungsfeld von Natur und Kultur steht, sind Bücher entstanden, die Erwachsene und Kinder zu Freude am Kochen und Essen sowie zu einem liebevollen Umgang mit sich selbst auf der Basis von Achtung und Schutz der Anderen animieren wollen: »Wildfrüchte und Wildkräuter«, »Böfflamott und Hollerkoch«, »Wildbeeren sammeln und zubereiten«, »Wildkräuter und Wildfrüchte für die Küche«.

Frank Ruprecht ...

wurde 1941 in Magdeburg geboren. Er absolvierte eine Lehre als Verlagsbuchhändler und ein Grafikstudium an der Folkwangschule in Essen. Nach einigen Jahren als Mitarbeiter bei verschiedenen Werbeagenturen in Essen, Düsseldorf und Köln, hat er seit 1975 als freier Autor und Illustrator etwa 35 Kinderbücher gemalt und geschrieben und circa 300 Bücher anderer Autoren illustriert. Workshop- und Vortragsreisen für das Goethe-Institut führten ihn in viele Länder Afrikas, Lateinamerikas, Asiens und Osteuropas.
Heute lebt er in Erfurt, wo er immer noch schreibt, malt und zeichnet.
Frank Ruprecht ist Mitglied beim Friedrich-Bödecker-Kreis Thüringen, bei der Europäischen Autorenvereinigung »Die Kogge« und im Verband Bildender Künstler Thüringens.
www.ruprecht-frank.de

Bööflamott & Hollerkoch

Rezepte aus dem Dorfladen

von Gertrud Scherf
und Anneliese Eggerstorfer

ISBN 978-3-934941-30-4
2. Auflage • Paperback • 29,5 x 14 cm • 106 Seiten
25 Zeichnungen • 93 Farbbilder • 19,95 Euro [D]

Hasenöhrl und Krautknödl, Erdäpfelbratl und Reinfleck, Böfflamott und Hollerkoch. Die Autorinnen verraten 75 traditionelle Rezepte aus der Sammlung eines niederbayerischen Dorfladens. Fast vergessene Mahlzeiten kommen neu aufgekocht, schmackhaft und gesund auf den Tisch.

■ »... bodenständige Rezeptsammlungen, die noch von richtigen, tüchtigen Landköchinnen mit der Hand aufgeschrieben wurden. – Ein lebendiges Kochbuch ganz nach dieser Art .... Jawohl, schon die Lektüre dieses liebevoll gemachten Buches ist himmlisch!« (Mittelbayerische Zeitung)

■ »... Ratschläge, wie man mit Produkten ganz ohne Chemiebelastung gut aufkochen kann. Nicht nur Kochbuch-Sammler werden daran ihre wahre Freude haben!« (Passauer Neue Presse)

Aronia

Unentdeckte Heilpflanze

Sachbuch von Sigrid Grün und Jan Neidhardt

**Das erste deutschsprachige Aronia-Buch!
Das Original!**

ISBN 978-3-934941-39-7
Paperback • 19 x 14 cm • 72 Seiten
34 Farb-, 4 s/w-Bilder • 9,90 Euro [D]

Seit Jahren erleben Wildpflanzen ihre Wiederentdeckung. Ein bei uns heimisches Wildgehölz blieb aber nahezu unentdeckt: Die Aronia.

In Russland gilt sie längst als Heilpflanze. Bei uns kennt man sie meist nur als Zierstrauch. Um die medizinisch wirksamen Inhaltsstoffe der dunklen Beeren weiß man in Mitteleuropa erst seit jüngster Zeit. In diesem Buch lesen Sie nicht nur vom medizinischen Nutzen der Pflanze, sondern auch über ihre interessante Geschichte, den Anbau im eigenen Garten, sowie über die Verarbeitung der Früchte.

■ »Wirklich ein schönes, sehr ansprechendes Büchlein!« (Zeit-Fragen)

■ »Aronia - Heilpflanze wiederentdeckt. Das Buch dazu!« (Naturheilkunde & Gesundheit)

Tag der Wunder

Text von Lutz Rathenow
Bilder von Frank Ruprecht

ISBN 978-3-934941-28-1
Hardcover • 29 x 21,5 cm • 28 Seiten
Ganzseitig farbig illustriert
17,80 Euro [D]

Ein seltsamer Tag. – Der Drache ist lustlos und einsam, der Ritter ängstlich und schwach, der Riese will sich am liebsten verstecken, und der Indianer trommelt nur noch Trauer. Doch da geschieht das Wunder: Alice hüpft beschwingt des Wegs und erlöst die vier durch ihren Kuss.

■ »Lutz Rathenow hat ein Märchen geschrieben über die Magie eines unbeschwerten Kusses, über die Liebe, die Schutzpanzer überflüssig macht und Vergangenes vergessen lässt. Leben kann leichtfüßiges Schweben sein...« (www.librikon.de)

Busi sagte Henriette

Eine Geschichte vom Stillen

von Edith Zeller

Erstes und bisher einziges deutschsprachiges Still-Kinderbuch!

ISBN 978-3-934941-45-8
Hardcover • 21,5 x 21,5 cm
36 Seiten• 37 Farbbilder
14,90 Euro [D]

Der kleine Fabian (6) erklärt und verarbeitet in dieser Geschwistergeschichte das Auf-die-Welt-kommen und das Zur-Familie-Gehören seiner Schwester Henriette. Die Autorin war selbst Stillberaterin der international engagierten La Leche Liga und plädiert für einen intensiven Umgang mit Säuglingen und Kleinkindern, für eine körperliche Kommunikation zwischen Eltern und Kind.

■ »Seit Astrid Lindgrens „Ich will auch Geschwister haben“, habe ich kein so schönes Buch für die „Großen“ mehr vorgelesen!« (Deutsche Hebammen Zeitschrift)

■ »Endlich ist es da, das Kinderbuch über das Stillen!« (www.swissmom.ch)

Flotte Lotte - Kalter Hund
In der Küche geht es rund!

Geschmackvolle Gedichte von Regina Schwarz
trefflich ins Bild gesetzt von Egbert Herfurth

ISBN 978-3-934941-62-5
Paperback 20 x 14,5 cm • 66 Seiten
31 kolorierte Federzeichnungen
14,80 Euro [D]

Wenn hier Gedichte und Bilder zusammen kommen, dann ist das
so, als habe der Topf seinen Deckel gefunden. Regina Schwarz
serviert mit ihrem unvergleichlichen Humor prägnanter Poesie 30
„Küchengedichte" á la minute. Und Egbert Herfurth setzt sie feinsin-
nig und mit routinierter Hand brillant in Szene.
■ Ein wahrer Genuss für alle Töpfegucker, Krümelpicker,
Naschkatzen und Küchenhocker!

Der Wurstkuchlhund

Ein bunter Bilderbogen für kleine und große Leute
von Helmut Hoehn

ISBN 978-3-934941-56-4
Hardcover • 21,5 x 21,5 cm • 2. Auflage
36 Seiten • 40 Farbbilder • 14,90 Euro [D]

Vom krummbeinigen Außenseiter zum gefeierten Retter in der Not!
Von der ängstlichen Promenadenmischung zum gefürchteten Helden
der Lüfte! – Wer derartig Karriere macht, der muss ein ganz besonde-
rer Hund sein: Waldemar ist so einer. Mittelpunkt des Geschehens ist
die Historische Wurstkuchl zu Regensburg. Über sie spannt sich ein
bunter Bilderbogen mit einer unglaublichen Geschichte!
■ »...das Buch vom drolligen Vierbeiner, der mittlerweile schon
Kultstatus genießt!« (Mittelbayerische Zeitung)